日本食育師媽媽物語

蔡慶玉——著

日本食育師媽媽物語

天天忍不住要做早餐，日日擁有美好親子晨光

蔡慶玉——著

獻給——

生我的和我生的家人

媽媽食育師的生活教養

輔仁大學營養科學系副教授／劉沁瑜

閱讀這本書，有一種和作者相見很晚的感覺，有一種身為觀察者與實踐者之間對答案的一種暢快感。

這兩年因為關心臺灣學校午餐的議題，和富邦文教基金會與大享食育協會一起去日本參訪了兩次全國午餐甲子園比賽，前年參訪過程中有幸遇見了第一屆日本全國學校營養士協議會的會長田中女士，八十幾歲的奶奶身體硬朗而熱情，當天也剛好是營養師們的年度在職教育，文部科學省的給食調查官、食育調查官也在現場，可見食育在日本被重視的高度。當天我們由現任的會長長島女士以高規格接待，在訪談的最後，我們問說：『協會工作的目的是什麼？』她說：『日本是一個老年化社會，唯有從小吃健康的飲食、培養健康的習慣，才有辦法健康的老化』。日本學校午餐的一直被大家稱讚不光只是好吃與否，而是以國家為支柱，後面還有一群有這樣的眼光和高度的先行者在奮鬥與支撐著。

臺灣的學校事務最高的指導單位是教育部，學校營養教育的管轄在國教署，關於食品安全由衛生福利部的〈食品安全衛生管理法〉、〈食品良好衛生規範準則〉所規範，農產品採購由行政院農委會。對應在日本的主管機關，是分別由文部科學省主管食育教育、厚生勞動省主管醫療健康，和農林水產省管理食材生產。差不多的組織架構，但忍不住讓人思考是什麼力量拉開了兩國之間的學校午餐的距離？

一、營養工作的人力：在日本全國有一萬兩千名營養師，平均一～二校就有一位營養師，營養師除了負責管理廚房供餐之外，也負責全校師生的營養和飲食教育。相對於臺灣，根據學校衛生法，四十班以上的學校才有可能設置營養師。試想，三、五間學校「分享」一位營養師的狀態怎麼可能有足夠的時間陪伴孩子們在飲食生活中學習呢？

二、營養午餐的經費：就算是給食中心（類似臺灣的團膳中央工廠）也是接受政府補助的。舉例來說，去年參訪的府中給食中心，都有依照學校給食法由公部門編列預算來支付所有行政人員、營養師和廚師的薪資。日本父母僅需支付孩子的午餐食材費（約二百五十～三百日幣），而臺灣父母依照各縣市不同，所支付的公立學校午餐價格約四十～五十元之間，為日本的一半，但卻包含了設備、人事和食材三大部分的費用。

三、和食給食的文化：近年來日本受西化的影響很深，和食文化漸漸式微，孩子們對於食物從何而來的感受也漸漸減少。聽日本營養師松丸先生說，有些東京的孩子甚至以為海裡的魚長得就像生魚片一樣是一片一片的樣子。學校可以給的飲食教育有限，最重要的還是從家庭日常做起，因此NPO法人食育協會在二〇〇四年成立，以家庭主婦為主要會員，經過一天五小時的上課和考試便可以成為「食育指導士」。小林會長認為，家庭主婦具備了飲食的科學知識，才能將健康的飲食與和食文化落實在生活中。

我很喜歡作者提出食育教育的觀點，這些也是我平日會盡可能在生活中落實的，像是孤食問題，盡可能地陪伴孩子吃飯。有陣子家裡的老二得在課後補習，七點半之後才能回家，我會先將她的飯菜盛出來保溫，讓老大和老三跟爸爸一起先吃，我接她回家的時候再陪她一起吃飯。現在也有學者觀察，一人吃飯搭配3C產品，恐會多攝取超過四分之一的熱量，對身心都不健康。吃飯時候盡量不看電視，抬頭挺胸、眼睛要看碗裡，還有一起吃飯的人。吃飯不出聲、以碗就口，孩子們得收拾餐桌，這些都是我平日在家的嘮叨話。

我也很佩服日本在學校午餐的比賽中，堅持食材來源地產地消的原則，在配分評比上佔了很大的比重，在食育教育演示的比賽中，也必須充分說明食材來源的特色。我參觀的學校廚房門口有營養師和廚師的名字、菜單下面有農夫的名字，從生產到消費，孩子們收到的知識是連貫的。營養師用孩子的話語跟孩子們對話，關於營養與飲食的點滴，讓他們知道食物與自己身體之間的關係。這種在臺灣「不會考」、看似微不足道的知識，卻對人的一生有恆長的影響。

媽媽食育師在家庭裡扮演的色，就像學校裡的營養師一樣重要。午餐只佔了一週二十一餐中的五餐，其他的飲食生活理應發生在家庭中。學習了營養知識、領受了食物對身體的對話，食育不只是吃的科學，也是人格教養的基礎，很樂見作者傳達了日本食育的面貌給大家。

早晨媽媽在廚房切蔥的聲音

知名作家／王文華

慶玉和我是在二〇一四年認識的。當時我在做廣播，她到我的節目中聊她的新書《日式教養不一樣》。

我們很有緣，那時我剛好在學日文，於是她回到日本後，成為我線上的日文老師。

二〇一六年夏天，我想到日本學語言、烹飪、和長照。便請她幫我設計了專屬課程。她很認真地幫我找老師、設計內容。最後還做了一張Excel表，把每堂課的時間、主題、老師、機構，和她是否能一起參加，都列得清清楚楚。那張表，就像菜單。她是我，日本文化的主廚。

那趟行程的最後一天，是在慶玉家吃飯。那天剛好是慶玉小兒子的生日，所以我親身體會了日本媽媽如何為兒子慶生。餐桌上有健康的沙拉、清爽的玉米，也有重口味的咖哩，和討喜的奶油蛋糕。慶玉平衡健康和好吃，兼顧大人和小孩的需求。看似家常的食物，準備起來千頭萬緒。而做為兩個孩子的媽媽，慶玉每一天，都得張羅這樣陣仗的食物。

這本書，就是慶玉張羅了這麼多年的心得。

這本書，也像一個菜單。只不過這回，她是所有讀者的，日本文化主廚。

慶玉嫁給日本人，長年住日本，特別適合為台灣讀者寫日本文化。一方面，她熟悉日本主流的文化。另一方面，她可以從台灣人的觀點，反思這些文化中，值得台灣人學起和放下的部分。這應該是少數寫日本的書中，會提到「甘蔗無雙頭甜」和管仲與齊桓公的一本。

看這本書的樂趣，是發現雖然我們常吃日式食物，常去日本旅遊，但對他們的飲食習慣，還是不太了解。比如說：日本人吃火鍋時要先放肉再放菜，不喜歡肉旁邊有菜；煮過麵和水餃的熱水都會喝下肚；吃拉麵也會配白飯；會用納豆配義大利麵；保特瓶不對著瓶口直接喝；東西不必趁熱吃；不喝豆漿；不吃稀飯（除非生病）；電車上其實可以吃東西（但沒有人真的會這樣做）……

這些習慣，背後都有原因，慶玉一一解釋。原因，比習慣本身，更有助於我們了解日本。

除了說明日本的飲食文化的歷史、規矩，和意境，慶玉也在書中傳授很多實用烹調技巧。我複習了味噌湯、烤秋刀魚、醬油煮魚、奶油燉鮭魚、煮馬鈴薯、各式炊飯等家常菜的做法，平凡卻美味。

這本書最甜美的部分，是從慶玉栽種食物、烹調食物的過程，體會到飲食，其實是人生的象徵。她寫的這些句子，句句讓我讀到人生：

「乾涸的艱辛環境下，番茄才會甜。」

「邊煮邊收，人生才會彩色的。」

「米和不一樣的食材炊煮，會有不同風味，喚起不同的喜怒哀樂。」

「選對土壤才能茁壯。」

「最難忘的、最平常的滋味，就像是秋刀魚，豐美略帶苦澀。」

……

細膩的日本人，總是用各種貼心的發明融化我們的心。慶玉在書中提到日本人發明了一種鬧鐘，鬧鈴是模仿早晨媽媽／太太在廚房切蔥的聲音，「在這聲音中醒來，會覺得倍加溫暖幸福。」

二〇一六年後，我就沒機會再去日本了。曾經發奮學習的日語，也日漸生疏。慶玉這本書，就像媽媽在廚房切蔥的聲音，剁……剁……剁……，讓我從睡夢中醒來，覺得神清氣爽，然後發現幸福，就在不遠的地方。

推薦專文

飲食革命，從教育開始

聯合文創董事長／李彥甫

「你分得清楚絲瓜和胡瓜嗎？」台灣大多數的孩子應該都答不出來。

飲食革命，從教育開始。

我所任職的聯合報系願景工程計畫近幾年持續關心飲食革命，從食育、食安、剩食……一路追蹤報導。二〇一五年更推出「兒童飲食革命宣言」，從孩子的角度提出需求，期待能更了解食物的來源與常識，並從教育開始。

其中，日本是一個很重要的參考對象，二〇〇五年訂定〈食育基本法〉，從家庭、社區、企業、幼稚園到大學，都規範飲食責任。

認識慶玉並與她合作多年，她具備非常細微的觀察能力，並可以把它轉化為易讀的文字，特別是她親身經歷過的生活經驗，裡面有體驗和感情，更有知識與思考。

特別謝謝她，從媽媽、中年女子、異鄉客等多重角色，分享她的廚房及心得，非常系統性地介紹日本食育進展，這是一本適合各種角色、各種角度閱讀的好書。

期望此書能推進台灣的飲食革命，我們都有責任，也可以讓台灣更好。

推薦專文

食育可以很簡單日常

作家與創意教學工作者／洪震宇

我每天和孩子們都在家裡吃早餐。傍晚接兩個女兒練完桌球回家時，她們第一句話就問：「晚上吃什麼？」週三中午孩子上半天課，一家四口也會在家吃午餐。

在餐桌上，我們都會討論食材、產地、節氣與料理方式，例如來自嘉義布袋邱經堯的虱目魚、洲南鹽場的霜鹽，還是高雄美濃的水蓮。這些都是我們到各地旅行親自體驗認識的食材。

太太為了餵飽我們，每天都在思考要煮什麼。她經常晚上上網研究食譜，找食材，試做各種菜單，一早起來先幫孩子做午餐便當，接著準備早餐，緊接著每天下午四點開始準備晚餐。每天時間很緊湊。

就像我現在正在寫這篇推薦序時，太太正在切蔥，砧版傳來「都都都」的聲音，因為晚餐要準備椒鹽腐乳燉排骨、鹽麴雞腿肉，晚一點我去學校接女兒回家時，就能回答她們「晚上吃什麼」的問題了。

太太這麼堅持，唯一的想法就是，飲食是我們生活的一部分，也是健康重要的來源。我們家的日常飲食生活，就跟《日本食育師媽媽物語》作者蔡慶玉領悟的飲食之道一樣，「食佔了生活一大部分。不吃不行，吃壞不行、吃少不行、亂吃不行、不好吃不行。」

這是一本輕鬆有趣的飲食教育書。慶玉細膩地用自己的料理經驗，透過跨越時間與空間的連結，將台灣與日本的飲食生活巧妙的串聯。例如從飲食成語、諺語，到不同節氣、節慶的飲食習俗，再結合自己的料理心得、生活觀察與感觸，很簡單素樸的實踐與傳達「食育」的價值。

這本書也是跨文化的交流與學習。慶玉透過她的日常生活，觀察與探索台灣與日本的文化脈絡。例如我們台灣愛吃的苦瓜炒鹹蛋，在日本苦瓜卻是用來攀藤遮陽的，比較少入菜。只有沖繩知名鄉土料理，「ゴーヤチャンプル」苦瓜炒蛋才跟台灣類似。當然，慶玉還是認為台灣的苦瓜炒鹹蛋最好吃。

這本書也是家庭主婦的聖經。除了晚餐食譜之外，這本書最特別的是早餐方程式。現在已經很少有媽媽準備早餐了，但仍有許多努力的媽媽（包括我太太）也跟慶玉一樣，每天都在煩惱要準備什麼營養的早餐。慶玉有個天天做早餐的方程式，和洋風交替，各種應用變化，營養健康省荷包，又不會吃膩。

明天早餐要吃什麼呢？先來翻翻這本書吧！

目錄

第二章 料理的故事：和風篇

第三章 料理的故事：洋風篇

第四章 生活中的食育

一個平凡媽媽的餐桌教養

我是一個普通人

我是個住在日本，有兩個混血兒男孩的媽媽。我不算料理達人，也不是專業的營養師。我只是住在不興盛外食文化的日本，宛若油麻菜籽，面對一天三餐，不得不煮飯的命運。

從懷孕到孩子現在青春期，每天最費心的事，就是早、中、晚不知道要吃什麼。不吃不行、吃壞不行、吃少不行、亂吃不行、不好吃不行。

我是一個旅居日本的台灣人

我的人生幾乎有一半是在日本過的。

我很隨緣地扎根，在食衣住行中，嘗到異鄉酸甜苦辣的況味。有幸體會到異國文化的差異，也不時思念家鄉的口味。小時候吃過的東西，在記憶中永遠是最美味的。

食物維持著生命運作，給我們包含味覺、視覺、嗅覺、觸覺、聽覺的完整感官經驗。我在日本相異的飲食習慣中，親身感受到涵跨歷史、文化、自然、美學等各層面的食育經驗。

我是一個中年女子

我是個四十歲俱樂部的會員。三十九跨入四十那天，已經入會的朋友，用一種莫名的微笑「Welcome to the 40s」！我漸漸體會箇中真意，大大小小、有的沒有的病痛，開始在自己的身體出現，在話題中環繞。

我眼睜睜看長輩們，以不可置信的速度老去，反覆交錯地，面對著死亡的不安和豁達。青春期的男生們，不可思議地長高變聲。朋友家年幼的孩子，毫無預警地發燒，然後奇快無比地恢復，宛若什麼都沒發生過。

中年的我，彷彿站在人生的展望台，清晰地俯視著過去與未來。

「過去」怎麼一下子就過去了，「未來」沒叫它來卻一直來。我求的不是長生不老，並不想跟嫦娥一起飛去住月亮，每天看玉兔搗藥和吳剛伐桂。

我只想要優雅地老去，身體沒有病痛，自由自在地不給子孫添麻煩。

扮演這幾個不同的人生角色，一位媽媽、一名異鄉客、一個中年女子，讓我領悟到，健康快樂最重要，因此食育自然就成了教養中最關鍵的事，關係著一輩子的事。

簡單，就能持續。

明天起，就從早餐開始。

因為早餐是最容易的，簡單就能天天持續。刻意、過度勉強自己是不會長久的。

就像算數學一樣，從基本再應用。融會貫通後，舉一反三。

熟能生巧，天天做早餐，越做越快、變化越來越多，接著就會很想煮晚餐。漸漸地，不論是瀟灑一人、浪漫兩人、溫馨一家人，餐桌都是一天下來，最溫暖的地方。

我在日本餐桌和廚房小天地裡，有許多成功與失敗交錯、委屈和歡笑交織的故事。期許能為各位添點健康好福氣，天天有元氣，快樂不生氣。

好好學飲食

1 食育是最重要的教養

食育是什麼？

前陣子遇到朋友時，不論是日本人或是台灣人，總會互相問一下，最近在忙什麼？

「考日本的食育生活講師。」

「哇！好厲害……考上請吃飯喔。」

「哈哈哈，沒問題。」

「不過，ㄕㄩ是什麼啊……我最近食慾不錯喔。」

我努力回想考古題的六大章節後，認真地回答：

「第一，健康的身心，是營養、疾病預防、減肥、運動、休養。

「第二是待客之道，節慶料理、當季的觀念、餐桌禮儀、配膳、調理、菜單設計。

「第三是聰明購物，包括認識食材、加工食品、有機食品、食品標示、環境問題。

「第四是料理順序，包括食物中毒、衛生管理、預防、食品化學、安全性。

「第五是聰明過生活，包括食品流通、物流、外食品販賣。

「第六是消費經濟、生活環境、消費者問題、IT社會、相關法規。」

「……」朋友禮貌地帶著霧煞煞的微笑點點頭。

我也曾經對食育似懂非懂。「食育」顧名思義就是飲食的教育。除了「德智體群美」五育並重外，對個人身體健康最直接有關的「食育」，最近受到各界的注目和重視。

學校裡的食育

我最早聽到「食育」這個詞，是當年在日本國中教英文時，發現教室牆壁貼著的營養午餐表，右邊欄有個「食育小廣場」，內容很有趣，是關於日本小橘子的由來、含有豐富維生素生素C的故事。左邊欄「本月的目標」，畫著一個很有喜感的男生，信誓旦旦地說：「我一定不要感冒。」

一旁的學生見我看得入神，跑過來邊用手勢問我：「Joy sensei, today what eat?」典型的日式英文，動詞放最後。

我正要用英文回答時，有位長得有點像小丸子裡洋蔥頭的永澤同學說：「不要說，我會算命。」他口中唸唸有詞，然後道：「是咖哩飯！」坐在最後一排早熟的女生冷冷吐槽：「還用你算，我早就聞到了。」接著，教室立即被一陣咖哩歡呼聲蓋過。

「我最喜歡吃咖哩飯了。」小女生們高興地拉起我的手，我趕快藉機教一下英語會話：

「I like curry and rice, too. How about you, Suzuki-kun?」

營養午餐的話題，打破了我和學生之間的沉默。

食育的社會性目標

食育不單單只是食材的知識，而是藉由食物而發展推動的人際關係。結婚吃飯、生日聚餐、約會吃飯、喬事情也是吃飯，這正是食育中的社會性目標。

早上送孩子們去上課，
是最自由的解放；
傍晚迎接孩子回家吃飯
是最幸福的期待。

食育是培養社會協調性、國際觀。出去和朋友吃飯很愉快，和不同對象一起用餐時要注意哪些事情？才能把事情喬妥又不失禮，讓一頓飯吃得很放鬆有自信。不同國家的飲食文化和餐桌禮儀又是如何呢？世界各地有什麼名產和代表性料理呢？

從家中餐桌上的食育啟程，為孩子的將來奠定扎實的社會性基礎。透過食物，培養感官經驗、統合感覺，發展人格的社會性。

為什麼需要食育？

食育是謝天

哥哥三歲上幼稚園時，第一句學到的日語是：「いただきます。」日本在吃飯開動前說的這句，意思是謝謝所有食物的生命。蘊含了對大自然及人們的感謝。

一口飯，一片肉，一口蔬菜，在能送入口中前，必須很辛苦的經歷許多過程，靠許多無名的人的勞動和合作，要專門的知識和經驗。收成後需要物流商店販賣，煮飯的人、學校的調理師、媽媽要花心思把食材的特色發揮出來，做成一道道美味的料理上桌。

仔細想想，「一頓飯」真是不容易，必須牽連到整個社會運作的配合，真的只有感謝兩個字。我初次體會到國文課本陳之藩先生說的：「要感謝的人太多了，那就謝天吧！」

營養午餐表裡的名字

我最後注意到營養午餐表有一排名字，原先以為是健康模範寶寶的表揚名單，仔細一瞧，才發現是農家的名字和所在地。我很好奇，為什麼要把生產農家的名字寫出來呢？我內心油然而生當媽的防衛本能：「很好，出問題客訴時，立即找他負責。」

原來是我以小人之心度君子之腹，學校希望孩子謝謝農夫們，珍惜食物不浪費。大太陽底下，風吹雨打的辛勞，是值得尊敬的。學校想潛移默化地想傳遞，能種菜給別人吃，是一件光榮的事。

這對農家人而言，是一種榮耀，品質保證的象徵。自己辛辛苦苦種植的蔬菜水果，能獲得青睞，端到未來主人翁的餐桌前。

當農夫知道自己生產的東西、作物，會被孩子們感謝，自己的職業是被尊重的，便更加有使命感，發揮良心道德，不會有黑心食物。

食育培養獨立精神

當孩子要離家展翅而飛，父母常語重心長地說：「要好好照顧自己。」偶爾打電話回家，簡單三兩句話，不停重複的是：三餐要記得吃、多喝水、多吃水果、不要熬夜、不要感冒等等。以前聽父母說，現在換自己跟孩子嘮叨，代代相傳的掛念。

朱自清的爸爸在〈背影〉中若有台詞的話，可能是：「好好保重，多吃點橘子，補充維生素C，比較不會感冒。」藉由一顆顆橘子，表達對孩子難以言語的親情和無盡的關愛。

仔細想想，父母最在意的大部分都跟食育有關。若孩子有強大的食育教育基礎，知道要如何煮白飯，煮好吃的白飯，乖乖地每天吃早餐；知道要如何看消費期限、營養成分，一定會放下心頭千斤重的牽掛。當然，若能清楚蛋白質對身體的好處，從哪些食物中可以攝取，每天大約需要攝取多少的量，爸媽大概做夢都會笑了。

「いただきます！」是餐桌上的感恩。

食育是能懂得飲水思源

食育的學習是**跨越時空地理**的，去追溯哪個時代開始有味噌湯？跨越不同的地理區域，長野縣的味噌是紅的、京都的味噌是白的。就像台灣南北的粽子包不一樣的料，肉圓有炸的和蒸的。米苔目在台北是吃鹹的，中部是甜的。只有台中人會吃大麵羹……因為了解生長的土地，知道它的好，人就會快樂滿足，生活也變得有趣。

日常即食育

在都市叢林找一塊田叫孩子種菜也許難度有點高。其實，每天的生活日常，就是食育最好的教材。從眼前的一頓營養午餐、從手上的一塊麵包、從湯麵上頭被撥到一旁的蔥、從喝的一口牛奶、從夜市裡的一塊香雞排、從不曾在乎的燙青菜與隨口叫的豆乾海帶，都有許多食物故事等著我們去發掘。

我們要知道自己吃的是什麼東西、有什麼樣的營養、對身體帶來什麼樣的好處；認識食材，認識自己的身體。

食育有立竿見影的成效，讓生活更加豐饒、如魚得水。「健康好福氣，天天有元氣，快樂不生氣。」

2 食育是建立和食物的美好關係

「旬」：當季的概念

在台灣，冬天要進補，元宵節吃湯圓、端午節吃粽子、中秋節吃月餅。同樣地，日本也會因氣候節慶去吃特定的食物，夏天吃鰻魚飯、過年吃年糕湯（お雑煮）、節分吃惠方壽司（恵方巻き）、有喜事時吃紅豆飯（赤飯）。日本很在意「旬」的概念，認為豐收的季節是最甜美的，不想亂了大自然時序的步伐，破壞了季節風情。

對日本人來說，吃當季的最高境界就是陶冶性情，享受大自然的況味。但還有個世俗的理由是，當季量產的食材又便宜、又好吃。草莓控的我，每年第一次在超市看到草莓時，都會很興奮，好想一嘗為快，但總是拿起來又放下。我是因為太貴了，弟弟是因為台灣阿嬤說剛出來的「不夠分」——不甜不好吃。我曾忍不住誘惑，吃了幾次還不夠甜的草莓後，就漸漸學乖了，等到當季再買來開心地吃。

俳句中的「季語」

名月を　とってくれろと　泣く子かな——小林一茶

（看到中秋明月，孩子吵著想要拿下來）

「句」的概念，洋溢在日本傳統文學裡。四季的風情變化，是日本文學俳句的靈魂。短短的五—七—五，總計十七個字，一定要涵蓋「季語」，點出季節。春夏秋冬、星辰日月、山川流水，都有不同的風貌。像秋天的季語就有許多是當季的食物。

哥哥和弟弟在念小學時，常常要創作俳句。五年級時的秋天，他們迷上俳句，寫了好幾首跟秋刀魚有關的詩，還用毛筆以草書風寫出來，旁邊附插圖秋刀魚一尾，煞有其事地貼在自己的書桌前。應該是從那一陣子開始，原本不吃秋刀魚的兩位小兄弟會叫我買，餐桌上一人一尾，開開心心地自己挑刺，吃得乾乾淨淨。

秋日早晨，一起來享受季節。

秋刀魚是家庭料理經典的代表，日本著名導演小津安二郎的電影《秋刀魚的滋味》，想藉由題名傳達最難忘、最平常的滋味，就像是秋刀魚，豐美但略帶苦澀。

秋天除了秋刀魚之外，還有茄子、柿子、梨子、栗子、新米、生蠔，是豐收與美食的季節。秋高氣爽、楓葉漸轉紅時，正是所謂「食欲の秋」的來臨，令人食慾大增。

我和哥哥查了一下，日語中其他典型秋天「季語」還包括：

秋空・秋櫻・賞月・紅葉・紅蜻蜓

新米・秋刀魚・南瓜・柿・栗・梨

但是，不知為何，我們家兩兄弟對秋刀魚情有獨鍾，詩裡都是秋刀魚。

日本的飲食諺語

除了俳句外，日本有許多諺語都和飲食有關。

日本有句諺語「秋茄子は嫁に食わすな」，直譯是秋天的茄子不要給媳婦吃。因為太美味了，所以不願分享，影射出婆媳間微妙的關係。不過，另一種解釋是，茄子屬寒性食物，吃了對要擔負生育大任的婦女不好，所以才不讓媳婦吃。

晚餐時，我對不吃茄子的弟弟提到這個有趣的諺語，想暗示他茄子很美味。但是他調皮地裝孝順說：「媽，既然茄子這麼好吃，我統統都挑出來了，這堆全部送給你吃。」

食物的諺語，蘊含祖先對食物的認知和智慧，常是我們家飯桌上的話題。「鴨がネギをしょってくる」，直譯是鴨鴨帶蔥一起來，意思是「好事成雙」。在台灣吃北京烤鴨時，餅皮裡一定要夾蔥的。在日本，鴨肉很少見，象徵很珍貴。比較可能吃到鴨肉的地方，是蕎麥麵店。秋冬時，熱蕎麥麵裡會放幾片薄薄的鴨肉和蔥，和台灣的鴨肉當歸麵線味道不同，但有異曲同工之妙。

諺語常見的鯛魚

台灣的小火鍋店常有鯛魚，肉質鮮嫩的白肉魚，小朋友們都很喜歡，我家兩兄弟回台必點。在日本，鯛魚代表吉祥、高貴。嬰兒滿一百至一百二十天的「初食儀式」，會準備鯛魚料理，並不是真的吃下肚，是討吉祥的象徵儀式。

日語中有很多跟鯛魚有關的諺語，例如「海老で鯛を釣る」（小蝦米釣大魚），用小蝦去釣到鯛魚，意指用小小的餌就能收穫滿滿。「腐っても鯛」（就算臭的，也還是鯛魚），表示差不到哪裡去。小兒子立刻反應說：就像是壞掉的法拉利車嗎？

「鯛も一人はうまからず」，直譯是美味的鯛魚，一個人吃也不好吃、沒有意思。近年來，日本在食育教育方面，針對孤食問題，勸導人們不要一個人孤單吃飯。

營養午餐時間，小朋友併桌邊講話邊用餐，建立人際關係、培養和別人共餐的餐桌禮貌。我以前在學校教英文，每到午餐時間，會輪流去各班和小朋友一起吃飯練習英語。許多學校會抽籤或安排小朋友到校長室，和校長邊吃午餐邊聊天。我常趁晚餐時間，問孩子們在學校吃飯時都跟同學聊什麼，藉機掌握一下青少年流行趨勢。

台灣的飲食諺語

民以食為天，飲食成語可以透露出一個國家的習俗和文化，重視的價值觀和想法。我很喜歡台語，特別是諺語，非常活靈活現，說起來繪聲繪影，能很精準貼切地表達，非常有意思。

我想起小時候家中長輩會說：

「摸蜊仔兼洗褲」：去郵局順便買冰回家吃時。

「一粒米、百粒汗」：飯碗裡有剩飯沒吃完時。

「甘蔗無雙頭甜」：不想去補習班，在家被逼寫作業時。

「好酒沉甕底」：蛤仔湯底都是掉下來的蛤肉。

「食緊摔破碗」：慌張出門，在樓梯滑倒時。

「未食五日節粽，破裘毋甘放」：端午節前出門，忘了穿長袖，碰上天氣變冷時。

「食人一口、報人一斗」：拿了里長伯的月餅時。

諺語是老祖宗傳承下來的，食物教我們的智慧，是食育的瑰寶和精華。

主題式食育學習：お餅（Omochi）

哥哥新曆過年後開學，寒假的學習主題是大年初一早上吃的年糕湯。這道傳統料理基本上是鹹的，把「お餅」（麻糬）放入柴魚高湯或是味噌湯。

什麼時候吃？要怎麼吃？要怎麼料理？為什麼要吃？從什麼朝代開始吃的？每個地區的口味是不是不太一樣呢？這些都是食育要探討的有趣範圍。

其實，日本每家的年糕湯口味不盡相同。關西和關東地區的湯頭不一樣，有分柴魚清湯、味噌湯底等。料也不一樣，選用海鮮或是雞肉等。但是，基本上一定有麻糬。像台灣端午節吃粽子，南部粽和北部粽包的料不同（鹹蛋或花生），前者用水煮，後者用電鍋或蒸籠蒸，但基本上是糯米。

我和孩子們過年回台灣，可以聯想到和日本「年糕湯」最接近的口味，就是台灣的鹹湯圓，於是到菜市場買盒一百元的手工鹹湯圓，阿姨還附贈一包油蔥酥和香菜。

哥哥在班上跟同學報告，我們家吃的是裡面包絞肉的。大家聽了嘖嘖稱奇，是「初耳」（第一次聽到）耶！「聽起來超好吃噢！」

發表後，老師特地向我致謝，讓班上孩子見識到特別的國際飲食文化，課程因此生動活潑不少。我其實什麼也沒做，只不過煮碗鹹湯圓而已。

老師在課堂上，讓同學們分組討論：

這個過年習俗的由來？

麻糬是用什麼做成的？

糯米和白米有什麼不同？

糯米和白米的培育過程差別在哪裡？

為什麼加了麻糬，就叫做「力うどん」（有力氣的烏龍麵）？

糯米類的食物為什麼不能吃太多呢？

每年都有人因為吃糯米製品噎死，該如何小心防範？

最後，班上小朋友最期待的就是實際做「お餅」。老師搬來大石臼，一個人打、一個人翻面，默契要很好，不然會打到手。

剛做好的「お餅」，哥哥說好吃到「下巴會掉下來」。這句日語表現和中文一模一樣，可見東西好吃到下巴掉下來是全球性的。

我喜歡將「お餅」沾上糖和醬油後，用海苔包起來做成磯邊燒，或是裹上「きな粉」（黃豆粉）。可惜日本沒有花生粉，台灣夜市裡，麻糬裹花生糖粉最好吃了。對人在異鄉的我來說，黃豆粉雖然營養價值高，但不過是在沒有花生糖粉的拮据情形下，勉勉強強的替代品罷了。

做麻糬大會是有名的傳統活動，常常在聚會時舉辦。像是購物中心或社區夏日烤肉、預售屋活動、商品促銷會時。氣氛熱鬧，大人小孩都喜歡。傳承傳統、推廣米食文化，開開心心又有得吃，可說是一舉數得。

お正月の「鏡餅」と「七草粥」

「鏡餅」在日本正月過年的裝飾，會用

上大小兩個圓圓的麻糬，最上面擺一個橙子，取其諧音——因為橙子的日語「だいだい」和「代々」（世世代代）發音相同，討個吉利。

「鏡餅」通常選二十八日大掃除後擺才吉利，晚了意思就不好，對祖先不敬。一直供奉到正月十一日「鏡開き」，把麻糬切開來吃。但是各地習俗不同，所以略有出入。

此外，正月還有一個「定番」，固定要在七日這天早上吃「七草粥」（七菜粥），祈求一年平安無病痛，也剛好吃點清淡的讓腸胃休息一下。現在超市可以直接買一盒七種菜，回家直接煮粥，加點鹽就可以了。

小兒子在旁邊，興沖沖地把盒子打開：

「我來檢查一下，是不是七種都有。」

「七種你都認識嗎？」因為媽媽自己跟這七種菜不太熟。

「國語課本裡面有啊！我會背喔，測驗時有考出來ㄋㄟ。」

1. 芹（せり）：芹菜。
2. 薺（なずな）：薺菜。
3. 御形（ごぎょう）：母子草。
4. 繁縷（はこべら）：繁縷。
5. 仏の座（ほとけのざ）：稻槎菜。
6. 菘（すずな）：蕪菁。
7. 蘿蔔（すずしろ）：蘿蔔。

每家湯頭不同的年糕湯。

正月初七的七草粥。

3「地產地消」

食物里程（Food Mileage）

日本幾乎沒有傳統市場，我除了逛一般的超市外，也很喜歡到農產直銷店去買菜。這些直接由農夫送過來賣的菜，又多又便宜，而且非常新鮮。我住的城市最近有幾家餐廳的青菜，都是標榜從旁邊的菜園現採收成的，水分豐沛、味道香甜，生菜沙拉更是絕品。

算算食物里程，從菜園到餐廳餐桌的距離，大概就三公尺吧。哥哥說，我們家菜園到餐桌的食物里程更短，只有一公尺！我有點驕傲地接著說，那我們把火鍋的爐子搬到院子旁的陽臺那裡，現摘現吃，這樣大概是五十公分！

日本有句諺語，「三里四方の食によれば、病知らず」，直譯是吃方圓十二公里內產的作物不生病。學校營養午餐選用的食材都盡量是當地產的、當季的，講求最短的食物里程，符合環保物流概念（Green Logistics）食物里程

的計算方式，是用食材的重量乘以輸送距離。目前，日本餐桌上的料理至少有六成至八成來自國外輸入，食物里程可說是世界級遠，每人為七〇九三噸．公里，美國是一〇五一噸．公里。

（資料來源：財團法人FLA協會《食生活講師手冊》）

地產地消

每次談到「地產地消」（自己地的物產，自己消費）這個議題時，我都不禁會聯想到「修身齊家治國平天下」這句看似不太相關的話。最核心是修身，也就是離自己最近的，接著再漸漸向外推。若是只關心世界糧食問題，卻沒有支持在地農家，好像有點說不過去。

但是，為難的事情發生了。三一一地震之後，福島的輻射問題，讓住在旁邊茨城縣的我，有點無法堅持「地產地消」的原則。日本曾有一度禁止各縣市標記產地，以免對災區農產作物造成歧視滯銷。所幸，日本的超市、農會等自主把關輻射檢查，讓消費者安心，不會吃到超標、危害身體健康的食材。我相信日本長年來對食品衛生把關的嚴格標準，沒有太多的恐懼。

每次看到台灣要禁止日本輸入進口的食品，對輻射聞風喪膽。我們住在這裡只能無奈地相信，應該不會有問題吧，要不然怎麼過日子呢？我常閱讀日本醫師的文章和報告，數據顯示並沒有超標。於是我告訴自己，過度擔心害怕也會生病的。

食物自給率

根據平成二十四年（西元二〇一二年）農林水產省的資料，日本的食糧自給率是四〇％，加拿大二二三％、美國一三〇％、法國一二一％、德國九三％、英國六五％。相較於歐美國家，日本的自給率不到一半。靠山山會倒、靠自己最牢，若是仰賴的輸入國因天候不佳、收成不好，或是海外家畜發生傳染病而衍生禁止輸出等問題時，日本可能會有食糧不足的問題。

日本傳統吃米飯、魚、蔬菜、大豆的飲食生活，自給率高。現代以麵包和肉為中心的飲食歐美化，必須靠大量國外輸入。二〇一五年資料，日本米和雞蛋的自給率都在九五％以上，但肉類自給率只有一半，豆類只有七％。味噌、納豆、豆腐、醬油都是大豆製品。聽起來有搖搖欲墜的感覺，難怪北海道產的豆子貴森森，包裝上斗大的字標榜是日本國內生產的，物以稀為貴。

世界糧食問題

放眼從食看世界，每個國家有截然不同的問題。WHO指出，全世界人口有四億人過於肥胖，有十億人苦於飢餓，每十秒就有一個孩子餓死。

日語「もったいない」（MottaiNai）已經成為國際共同語言，意思是不要浪費，有效利用資源。二〇一九年，在日本G20峰會議程中，讓國高中的孩子們發表了這個議題，希望能減少浪費食物，運用AI技術，有效且衛生地回收食物再利用。

舉例來說，在日本，每年節分有吃「惠方卷」的習俗。二〇一九年的惠方（指有利的方向）是東北東，男女老少都要朝向該方位，靜靜地吃惠方海苔壽司卷，求得一整年的好運氣。各大超市、便利商店、壽司或日本料理店，惠方卷的銷售競爭非常激烈。

近年來，「惠方卷」的製作漸漸走向預約制，控制出貨量，響應環保，節省成本。「惠方卷」裡面包的是海鮮、新鮮蔬菜、玉子燒等，保存期限非常短，賣不掉就得扔。關西大學的宮本勝浩名譽教授試算，節分那天過後，至少丟掉價值超過十億日圓的惠方卷。於是政府呼籲，請民眾減少浪費食材和廢棄處理的人力資源。

說到應景的食物，台灣人端午節吃粽子、中秋節吃月餅，保存期限都比壽司久，至少可以緩一緩，分好幾天吃。真是有智慧！

（資料來源 https://news.yahoo.co.jp/byline/iderumi/20190201-00113312/）

從院子產地直送，食物里程一公尺的生菜沙拉。

家裡種的月桂冠葉，可以搭配橄欖油燉海鮮。

4 豬、牛、雞在日本的地位

名牌肉

我常常覺得，身為豬或牛，甚至是蔬菜，在日本好像更有地位、更被尊重。許多肉品都有自己的名字，像是松阪牛、神戶牛、米澤牛等，豬肉有玫瑰豬、大麥豬、三元豬，雞肉有櫻花雞、公主雞等。

超市裡，包裝上會註明她們是來自哪個家鄉，山形縣、北海道等。蔬菜會標上農夫的名字，顯示是誰耕種的。所有的食材都有名字、有家鄉、有養育她們的父母。

牛の物語

我唯一一次看到我家日本男人眼眶泛紅，是在他三十歲那年，電視報導，因為有感染疾病的疑慮，必須撲殺黑毛和種牛。他難過不已，默默地倒了一杯威士忌，敬被犧牲的牛群，喝完後靜靜地低頭說：「我先去睡了。」

我無法理解他的行為，也許是生活上剛好有些不順心的事，但他是個剛毅堅強的人，不至於如此傷心。我最後找出結論，應該是日本對牛、豬的人性化、故事化，讓一般民眾對牛和豬有深切的情感。雖說是一種完美的行銷手法，但是有誰不愛聽故事呢？弟弟在千葉縣的牧場，認識了一頭名叫「舞香」的可愛和牛，常說要去看牠。

神戶牛喝啤酒，聽古典音樂，接受按摩紓緩身心，過著很有氣質的生活。這些高級的肉，通常會擺在百貨公司地下街或是高檔超市的肉鋪裡，要買多少論斤切的。通常是貴婦們或是家中有特別需要慶祝的事時，才會去光顧一下。我通常只是Window Shopping，再笑笑地走到隔壁平價超市的貨架上，購買一盒盒用保麗龍盤子盛裝、保鮮膜緊緊包覆的肉。

現切的肉

我在高檔肉鋪買過一、兩次，肉是現切的，會用竹葉與和紙包起來。站在那排玻璃肉櫃前，有種不可思議的優越感，我在心裡後悔沒有穿漂亮一點和踩雙高跟鞋前來。

同樣是現切的，我想起以前在台灣傳統市場裡，豬肉攤的阿伯會一手拿著菜刀，一手拿著一大塊帶皮的肉，親切地大聲吆喝著：「來喔、來喔，水小姐，我切一塊尚讚的給你啦。你看、你看，這塊肉真水喔。」我跟在媽媽的身後，心裡常覺得好笑，豬肉攤的阿伯誇女人和豬肉，都一樣用「水」形容耶。

沒有鵝肉的遺憾

有件事很令我納悶，就是日本沒有鵝肉。每次回台灣一下飛機，我姊姊會去黃昏市場，準備好鵝肉和春水堂的珍珠奶茶迎接我們。

其實，日本就連鴨肉也很少見，頂多是吃熱的蕎麥麵時，上面意思意思地鋪個薄薄的一片，或是法國菜的烤鴨腿佐薄荷醬。我就讀的政大旁邊有燒臘店賣烤鴨腿飯，如今只能在回憶裡回味。

至少羊肉還吃得到，但總是少少的放在非常不起眼的邊邊角角，每次被我眼尖找到時，都有尋到寶的感覺，趕緊把寂寞的羊肉買回家。

唯一比較可能吃到羊肉的地方是北海道，許多日本人專程到北海道吃烤羊

山形牛A5日式備長碳烤肉。

家裡慶祝的時候，孩子們喜歡吃常陸牛壽喜燒。

弟弟第一次沾蛋。

哥哥喜歡沾蛋，是壽喜燒經典吃法。

肉。旭山動物園旁邊就有一家，生意很好，但是我每次都吃不下。羊肉店開在動物園對面的發想也太妙了吧！每次回北海道阿公家時，我們家兩兄弟會光顧一家市中心的烤羊肉店，甘願在雪地裡排一個小時隊，白飯連吃好幾碗。

其實，要吃羊肉，台灣最普遍了，沙茶炒羊肉、羊肉羹、羊肉火鍋、羊肉爐、羊肉薑絲湯，每種滋味都不同，令人光想就垂涎三尺。

我天馬行空地想，也許因為日本人獨愛牛、豬、雞，集三千寵愛於一身，讓鵝、鴨、羊沒有出頭的機會？

我家日本男人的火鍋堅持

我很喜歡台灣的小火鍋店，一人一鍋，既隨性又衛生。

我家的日本男人。不喜歡有蔬菜在肉旁邊游啊游，特別是糊掉的冬粉，黏在肉上，不小心一起撈起來，他會皺眉頭。肉就是肉，一片完完整整，沒有任何閒雜菜等。總歸一句，他對火鍋有種執著和潛規則。雖不能斷言所有日本人都是如此，但略顯日本火鍋的食用原則。

他斤斤計較放火鍋料的前後順序，先肉後菜、不可同時放，跟不小心撈到一根冬粉會「Kimochi」不好的日本男人共鍋，是很累人的事。此外，還要不時撈起肉蛋白質泡泡，以表賢慧機靈。總歸一句，真的很傷神，台灣小火鍋是自由解放新女性的發明。

我家的日本男人還非常堅持，一定要等水沸騰才會放肉。他會雙眼睜大、像警衛般監視，怕我會因為肚子太餓，就在水滾前把肉放下去。肉片入鍋後要完全伸展開來，游啊游十秒鐘，這個動作就是所謂的「しゃぶしゃぶ」，也就是日語火鍋的由來。

我家的日本男人很喜歡點「松阪豬鍋」，因為在日本其實是沒有松阪豬的，他每次看到都很樂，一定要吃這道地的台灣松阪豬肉。對於和豬、牛、雞都誠懇相待搏感情的把拔，很開心在台灣認識到有日本名字的新豬朋友。

回台灣時，我家兩位小兄弟非常喜歡去吃火鍋，尤其是炒過香噴噴的石頭火鍋。一個人一鍋，可以自己煮，全權做主，放喜歡的東西，按照自己的意思和節奏烹調，不知道是有大人的感覺或是像扮家家酒一樣有遊戲的成分在。我可以很幸福地自己好好享受，不用張羅東張羅西。

5 健康飲食的基本

減鹽、糖、脂質

有一天，四年級的弟弟回家，第一句話就很緊張地問我有沒有高血壓？我搖搖頭，問他為什麼會這樣問。

「今天上課時，老師說，吃很多鹽會得高血壓。高血壓就是血液用很強大的力量去壓血管，血管就ㄅㄧㄚ開，腦袋出血（中風）、心臟塞住（心肌梗塞），game over。」

「不用怕，媽媽沒有打死賣鹽的，煮菜放很少。倒是你知道什麼東西鹽最多嗎？」他搖搖頭。

「你喜歡的洋芋片、零食、拉麵。一個人一天的鹽攝取量最好不要超過八公克。所以，媽媽煮菜時，用香辛料，像是胡椒、咖哩粉、蔥、薑、蒜、香料植物來提味。煮湯時用昆布、柴魚高湯就有umami（鮮味），不需要依賴鹽。

鹽不是不好，夏天中暑時要補充鹽，但凡事過量有害。謝謝你擔心我有沒有高血壓。」

「沒有啦，只是你每次生氣都說：『厚！是想把我氣到高血壓嗎！』我以前不知道高血壓是什麼，現在知道了，覺得好可怕。……只是，高血壓的原因是鹽，不是因為氣我不乖。」

五克其實就是一小匙，小小一撮而已。煮一鍋湯，若不特別自我提醒，很容易就下手太重。日本有位提倡抗癌飲食療法的濟陽高穗醫師，建議少攝取鹽分，最好是接近無鹽的境界。盡量用醋或昆布柴魚高湯調味，若非得要用鹽，最好是天然岩鹽，不要用精鹽。

其實，除了鹽分以外，糖和脂質也不能過量。一個六十克甜甜圈含糖約二十克，已經很驚人了。但是一瓶五百CC汽水，含約六十克的糖，接近三倍。不過，甜甜圈還有含約二十克的脂質，跟一包一百三十五克的中份薯條差不多，兩者都比一碗七十七克的泡麵（脂質約十六克）還多。但是泡麵含鹽量很高，大約五克，超過一天攝取量的一半。

玫瑰岩鹽。

多補充鈣和鐵

一般人比較缺鈣和鐵。說到鈣質，通常會聯想到牛奶，但是櫻花蝦、小魚、凍豆腐、白蘿蔔葉、小松菜也含有豐富的鈣質。我喜歡在炒飯或炒青菜時，放一些櫻花蝦爆香，會有「辦桌味」。小小的櫻花蝦，鈣質排名非常頂尖，小兵立大功。

在日本買不到凍豆腐，有一天我很想吃，就異想天開把豆腐拿去冰凍，結果竟變成了凍豆腐。我很激動地把這個新發現告訴住在日本的台灣朋友，她很平靜地說：「對啊，凍豆腐就是冷凍豆腐啊，我已經吃好幾年了。」

以前覺得女性比較需要補鐵，但其實鐵質對每個人都很重要。缺鐵會臉色不好看、容易累、集中力不夠。激烈運動後，鐵會隨汗水流失，所以可以多吃雞肝、牛肉、蛤蠣、菠菜、納豆、油豆腐、蛋黃、葡萄乾等。鐵其實有分兩種，動物性的血紅素鐵和植物性的非血紅素鐵。兩者相比，動物性的血紅素鐵吸收率比較好。我常煮牛肉菠菜油豆腐湯，湯底用柴魚，加進蛤蠣，打個蛋花，味道鮮美，不用調味料，命名為「鐵人湯」。

為零食洗刷清白

要補充鐵和鈣，其實也可以靠零食，零食並不全都是壞東西。我常買一種巧克力和牛奶夾心威化餅，讓孩子們在想吃零食或是出門時墊一下肚子。一開始買的理由是，因為吃起來很像小時候吃的義美椰子夾心酥，仔細一看包裝標示，不得了！一小片餅乾的鈣質含量就有三百四十毫克，幾乎比喝一杯牛奶還多。巧克力口味高鐵質含量。最重要的是，這種餅乾不甜、很好吃，解饞時完全沒有罪惡感。

我也常買軟糖。原本不讓孩子們吃糖果是怕會造成蛀牙、正餐吃不下等等。但是有一天，我看到包裝上寫著膠質含量超過兩千單位，於是連忙吃幾顆。除了很好吃以外，看起來也很漂亮。我喜歡糖果放在透明的玻璃罐子，擺在桌上除了是一種裝飾，還可以明確控管庫存，不會一下子吃光光。

除了軟糖，我們家兩兄弟喜歡含維生素C的檸檬錠、乳酸菌錠，或是不含糖的天然水果喉糖。弟弟說，他歡樂的遠足包包裡，所有被挑選進來的零食都不是毫無用處的，而是負有重任、能幫助身體的。

現在，他們兩兄弟也抓住了我的弱點，要是我不買什麼零食，只要指出包裝上高蛋白質、高鈣、維生素、鐵質、膠質等含量，我立刻就會被說服。

我的原則是，吃下去的東西，要符合兩個必要條件：好吃和有營養。雖然很有營養，但是不好吃，我也不會勉強自己和孩子。嘴巴是用來享受的，並不只是一個食物通過的入口。

健康三條件：飲食、運動、休息

食育手冊上說，維持健康的三條件是：飲食、運動、休息，缺一不可。有氧運動中，像是走路就很適合，可以幫助消化、促進營養吸收、消耗熱量預防肥胖，還能釋放壓力、變換心情。

我本身不太會運動，所以做瑜伽、和孩子們一起參加Kick Boxing（踢拳）。我發現這是一種能塑身兼防身的運動，可以瘦手臂和腿。教練是輕量級冠軍，很會指導學生，常誇獎左右分不清的我出拳很有力，踢腿也很扎實。兩位小兄弟對這種格鬥技非常有興趣，常在白天打十個小時的棒球之後，傍晚接著去Kick Boxing。親子有共同的話題，不知不覺地在遊戲中運動。

零食只要有營養價值，我就很容易被說服購買。

雖然知道走路是個很有益處的有氧運動，但總是持續不久。最近，家裡領養一隻兩歲大米格魯，名叫露露。早晚陪牠出去散步，就非得走路不可。想想這樣也很不錯，一石二鳥，有個伴不會無聊。尤其米格魯是小獵犬，活潑好動得不得了，我幾乎都是被牠拖著走，不知道是人遛狗還是狗遛我。露露的速度快，剛好可以加強我的心肺功能。

休息是為了走更長的路

我原先不太能理解，休息和食育有什麼關係。原來，把一天努力吃飯和運動的成果確切地移交到身體，必須要靠休息。

這麼說來，休息是維持健康三條件中，我最擅長的。我除了喜歡睡覺，也喜歡邊泡澡邊

我們領養兩歲的露露時，她從來沒去過外面，一直都待在醫藥實驗室。
看到她初次在家裡院子裡自由奔跑時，我想自己應該做了一件好事。

聽爵士樂，點個蠟燭、放幾片自己種的玫瑰花瓣。洗好之後，喝杯熱的洋甘菊茶。若是當天的情緒還是沒辦法舒緩，就再來杯熱牛奶。真真不行的話，只好請梅酒出場，小酌一下。

我記得小時候，三十多年前很流行一種厚厚的日記本，印刷不太精美的花朵、風景等浪漫照片，每頁有勵志小語。當時覺得很老套，現在回想起來，許多真的是金句名言，是「長輩文」最愛的，像「休息是為了走更長的路」、「健康是最大的財富」之類的。

細嚼慢嚥

我和弟弟邊聊天邊準備晚餐。用餐的時候，我看見他用慢動作在吃飯，嘴巴誇張地慢慢咬。我假裝拿起遙控器，對著他的嘴巴按「快轉」。哥哥虧他說：「想拖時間吃很慢，不去寫功課でしょう（吧）。」

弟弟調皮地說：「才不是ㄉㄟ，我在預防肥胖、發展味覺、訓練發音清楚、發展腦力、預防蛀牙、預防癌症、促進胃腸蠕動，還有還有……訓練全身肌肉體力，以後可以提很重的東西。」

的確，細嚼慢嚥很重要。以前在幼稚園，老師會要求小朋友一口要咬三十次。最近，我看日本女性雜誌，有研究發現，多咬幾口可以有減肥瘦身的功效，還有美肌的功能。

看來，吃飯速度完全不輸男生的我，應該要好好調整一下，努力當淑女，細嚼慢嚥，看看能不能留住一下流逝的青春。

愉快的用餐時間，順便了解一下青少年間流行些什麼。

筷子的禁忌

我從小要求兩兄弟吃飯時要看飯菜，還有一起吃飯的人。我長年藉由「比較帥的吃法」的名義宣導，細嚼慢嚥、飯碗要拿起來、手肘不能靠著桌子、肚子也不能貼著桌子。

弟弟想起剛被說，用超細嚼慢嚥拖時間不去寫功課，於是回哥哥說：「我剛看到你同一隻手拿筷子和碗喔！」

兩人一來一往，快變成鬥爭大會了。我趕緊翻轉情勢，來個機會教育，問他們還知不知道使用筷子有什麼樣的禁忌。

兩人爭先恐後地說：「把筷子插在飯碗中，口含筷子、舔筷子，用筷子指著別人、敲飯碗，在菜餚裡找來找去、舉棋不定地在兩盤菜上方選來選去，讓筷子前端沾到湯汁滴滿桌，還有用筷子移動菜盤到自己面前。」

弟弟講輸哥哥，趕緊補充：「筷子不能插飯中間，台灣幼稚園的老師有說過。」

我點點頭接著說，其實日本還有一個最大的禁忌是，別人夾菜給自己，不可以直接用自己的筷子夾過來。在日本，兩雙筷子對夾是指撿骨灰，長輩們特別忌諱。

在日本，餐點通常都是一人一份，比較少會有需要對方夾菜的情況和禮數。但是，有時在吃日式烤肉，對方好心烤好食材要夾給自己時，肉香一撲鼻，很容易不小心便直接用筷子去接，犯了禁忌。國情不同，還真的要特別留心。

那晚，弟弟有點睡不著，問我說：「骨頭真的是用筷子撿嗎？」

6 日本小學的營養午餐

我在日本中小學任教的時候，每天最期待的就是營養午餐時間。早上到辦公室，就會查一下壓在桌子玻璃墊下的當月午餐表「獻立表」，看看今天中午要吃什麼？遇到吃拉麵那天，或是偶爾有Häagen-Dazs冰淇淋時，就會特別開心，連忙跟坐隔壁的日本老師分享這個消息。即使是方臉大頭又不苟言笑的理化老師，也會從嚴肅的表情中露出難得一見的微笑。

到教室去上課，整個上午氣氛也特別融洽和諧。「你們兩個男生不要再打來打去了啦，今天中午有橘子冰沙喔！」頭腦簡單、四肢發達的小四男生們，果真立即和好並歡呼擊掌：「耶！橘子冰沙。」

食物就是有這股莫名的魅力，牽動著人的情緒，尤其是營養午餐，是校園青春的重要回憶。

不只是菜單

我住的這個日本城市筑波，各個學校並沒有獨立廚房，而是透過中央廚房供餐，稱為「給食センター」，負責學區三至五所中小學和幼稚園。每個月初，專屬的營養師會設計當月午餐表「献立表」，發給每位師生家長，表中會標示每天的菜色變化，以及每種食材的營養成分和熱量。

值得參考的是，菜單中並沒有高深的食品營養專業用語，像蛋白質、維生素等，是我們常聽見、卻沒把握其真正對人體的功用是什麼。日本小學一貫秉持「以孩子的高度為視線」，在菜單設計上，會用小朋友可以理解的語言和說明方式，標明各種食材實際對身體的幫助。

舉照燒漢堡為例，雞肉和大豆有蛋白質，可以幫助造血、肌肉和骨骼發育；洋蔥有維生素，可以調整身體的狀況；砂糖、澱粉、麵包粉屬於第五大類的碳水化合物，油、芝麻是屬於第六大類的脂質，這兩類可以幫助人體產生熱量，變得有力氣。最後，還有一欄註明使用的「調味料」，像是味醂、食鹽、醬油。

午餐表最後，是營養午餐中所使用的各類蔬果的農夫姓名和田地，謝謝他們的辛勞。我常常在想，這些農夫看到自己的名字被表揚感謝，知道親手種的菜是要給某所小學成長發育中的學齡孩子們吃，那麼，平常工作一定會加倍認真，非得使用農藥時，也會多重考慮，秉持良心和愛心耕種。

從營養午餐中學習國際文化理解

每個月的午餐表中，有幾天是「特別料理日」。像是之前召開G8峰會時，國際交流日出現俄國風味菜。每個月有學區當地的特產風味餐，或是教科書中出現的內容。像是國一社會課上到印度，營養午餐就出現印度咖哩和印度烤餅；教到中國時，就出現中華料理黑豬肉燒賣和糖醋里肌。

從食物中認識國際文化，是一個最立即和實際的切入點。我們最容易從料理接觸到一個國家的文化。像是印度，平常少有機會去觀光或碰到印度人，不會用印度話打招呼，但一提到印度菜，無人不知咖哩飯。從每個國家的料理之中，反映出地理自然

媽媽的營養午餐。有次我生病時，哥哥叫我去睡覺，然後他幫我做了營養午餐。卡片上寫著：「雖然我不是很會，請媽媽您試試看我自己做的。您辛苦了！」

條件下的不同食材，和凝匯久遠的人文歷史風情。

日本在食育方面的著眼點，從自身的營養知識橫跨到國際文化的理解。每天不間斷地落實在營養午餐中，潛移默化地進行，讓學童愉快地從豐富的親身味覺來感受，培養對食物的高度興趣並獲取知識，除了能身強體壯外，還能廣義地學習如何從食物中去連結國際社會及自身的在地生活。

超市放學校菜單

每個月，學校都會發這麼一張內容豐富的營養午餐表給家長，預告這個月的菜單。對我來說，這還有個指標性的意義。我在想晚餐要煮什麼時，會先確認一下營養午餐表，以免孩子們在學校中午吃咖哩，晚上在家又吃咖哩。

附近的超市，這幾年會在入口處貼著學區小學的營養午餐表，方便媽媽們選購晚餐時，能充分掌握情況。

這項舉動頗受好評。電視新聞報導，上班族有時會參考一下，模仿營養午餐表，不用絞盡腦汁去思考要吃什麼，只不過營養師設計給學童的菜單熱量偏高。我看到在超市偶遇鄰居阿嬤，也在看營養午餐表。

「不適合我這種老太婆吃啦，熱量過高。但還是會有興趣知道，現在的孩子們在吃什麼？想當年，戰後那個年代……」

「吉田太太，今日限量的馬鈴薯快要沒了喔，我們趕快去買吧！」我有禮貌地打斷她那我已經可以倒背如流的陳年往事。

牛奶的爭議

目前的營養午餐每天都有牛奶，可是有許多人士一直想把牛奶除去。我起先有點不懂，但對日本人來說，牛奶沒有被算在一汁（湯）三菜、擺在和食餐盤裡，顯得很多餘。吃白米飯配牛奶令人不敢恭維，留到最後喝也很奇怪。

有人建議，可以安排在下午喝，或像台灣以前在早上喝也很好。只不過在日本，在家早餐吃飽飽再來學校是鐵則，一早發牛奶有點意味不明。不過，為了增加學童鈣質攝取，強化骨骼發育和身高發展，便還是一直維持現狀。因為有許多孩子只喝學校的牛奶，勉強喝下肚，回到家就不喝了，所以營養午餐若沒有供應的話，可能許多孩子就和牛奶絕緣了。

7 日本電車上可以吃東西嗎？

常在日本旅行的朋友問我說，在日本電車上可不可以吃東西呢？為什麼都沒有人在吃呢？

「我們實在很想把剛買的早餐御飯糰拿出來，但是周圍好像都沒人吃，所以就忍著餓肚子收進包包。」

答案是可以的，只是真的幾乎沒有人吃。因為早餐通常在家裡吃過了，而且在大庭廣眾之下吃東西，會被認為比較不文雅，小飯粒或麵包屑掉了要撿也很麻煩。

不過，我總是告訴朋友，旅遊出門在外，若真的肚子餓了，吃也沒關係，不會像台北捷運或是新加坡要受罰。朋友聽了我解釋日本人的觀念和想法後，覺得滿有道理，值得參考。也許這就是大環境無形的制約力量、對孩子們潛移默化的教養力量吧。

有時候，我在電車上要拿出東西來吃時，突然會停頓三秒鐘，不知自己身在何處，趕緊往外確認一下，看到寫日語，就大大方方嚼起口香糖，邊喝拿鐵邊享受我的旅程。

寶特瓶飲料不直接喝

傍晚運動會前的校務會議，校長伯被包裹在溫暖的秋日夕陽中，很明顯地在打盹，頻頻點頭。突然間，副校長提到要老師們提醒學生多補充水分時，校長伯突然醒來，連聲應和，並且再三叮嚀各位老師要提醒學生，寶特瓶不可以直接對口喝。

原因有兩個，一個是基於衛生。瓶口沾到了唾液，會滋生細菌，尤其是在大晴天，水或運動飲料都有可能會壞掉，更不用說是果汁類的飲料了。

另一個理由是基於行為教養。對日本人來說，拿起寶特瓶咕嚕咕嚕喝，是比較不文雅的舉止。尤其是女性，很少在大庭廣眾下，直接拿起寶特瓶大口喝水。非不得已的時候，會用手帕把瓶身包起來，或是買專用寶特瓶水壺套。有的還有保冷效果，既好看又實用，可以防止冰涼的飲料讓袋子裡的東西溼掉。

自己帶水壺

說實在的，日本人自己帶水壺的比例很高，似乎較少光顧便利商店或是飲料店。雖然感覺上品牌不少，其實沒有太多口味種類，即使到處都有販售咖啡、茶、可爾必思、果汁的自動販賣機，但選擇並不多。

每次我回台灣時，最喜歡去7-11、全家買飲料，手上隨時一杯珍珠奶茶或是檸檬蘆薈等，直到最近學乖了，知道要節制一些。三一一地震時，當我帶著孩子們倉促地從日本逃難回台灣，卻在台灣遇到塑化劑風波，有種逃過一劫又一劫的無奈。

日本大部分小朋友都帶水壺，媽媽出門時自己也會帶水。為什麼呢？我想是因為喝水對身體最好，水喝習慣了就不會非飲料不喝。而且，每次在日本的百貨公司或購物中心，架上擺滿超卡哇意的水壺、保溫瓶，看到就愛不釋手，很想買回家，每天帶不同水壺出門。

著名的東京農工大學宣布，從今年（二〇一九）十月起設置飲水機，明年四月起，校園內自動販賣機將不再販售寶特瓶商品。這是終極目標「二〇五〇年零塑膠使用」的一環。同時，校方也積極研究塑膠對生物環境的影響。

台灣人去7-11買咖啡，常會自己帶保溫杯。在日本，目前這樣的習慣都還不普遍呢。

熱食禁用塑膠袋

希望日後大家不要用塑膠袋裝熱食，像是熱麵、滷味等，尤其是火鍋湯底，又熱又油，釋放出塑化劑危害健康。台灣人有愛心，為了救海龜會限用吸管，那麼，為了自己的健康，熱的外食不要用塑膠袋。去超市自備購物袋是為了環保，吃熱食不用塑膠袋，為環保，更為自己的身體著想。

日本人不習慣邊走邊吃喝?!

日本人很少邊走邊吃，或是邊走邊喝。我比較不在乎文雅的問題，主要是滿危險的，吸管或竹籤之類的會插到喉嚨，飲料會滴到衣服，走路容易疏忽撞到人，過馬路也會分心。

在台灣，喝完飲料之後，我常要到處找垃圾桶。好不容易找到了，卻因為垃圾已經滿出來，很掙扎要不要再疊上去，小心翼翼像是堆骨牌一樣，很怕整堆垃圾垮下來。

在日本，比較不需要找垃圾桶，街道上很乾淨。日本的垃圾桶，大致上有分可燃性一般垃圾、寶特瓶、玻璃瓶、鋁罐等。我丟之前會先確認一下，以免投錯。最近有些垃圾桶，旁邊可以直接回收寶特瓶瓶蓋。

不知道是不是分類太麻煩，我們家兩兄弟的口袋和背包裡，常充滿許多糖果等包裝垃圾，或是壞掉的玩具。雖然我每次看到都感到很無力，不過這讓我可以確定，他們應該沒有隨地亂丟垃圾。從小有垃圾就放自己口袋的習慣，到現在長大了，看到垃圾桶也不會拿出來丟，就這樣一直住在包包裡。我罵完之後，弟弟還厚臉皮地說：「媽媽，角落的小夥伴，可能會出現——忘記被丟掉的小紙屑。」

話說回來，日本人沒有邊走邊吃，是因為沒什麼東西可以買來吃吧。若像台灣到處都有賣令人垂涎三尺的各式小吃，不知道情況會不會改變？

原宿新流行～即使是這麼巨大的彩色棉花糖，也很少人邊走邊吃。大家靠邊站一排，在商店樓下吃。

8 番茄和黃瓜教我的事

從小在台灣都會長大的我，一直很嚮往日本有庭院的房子。前幾年冬天，從車站前的大廈搬到大學附近的兩層樓日式花園洋房。嚴格來說，花園草坪全是我後來自己種的。原先住的是一對大學老教授夫婦，年過八十，沒有體力去維護庭院，近九十坪的大院子塵土飛揚，風大的日子，宛若沙漠一般。

交屋的隔天，孩子的爸率領兩位童工，租了一輛載卡多小發財車，買了近百綑純日本草皮TM9，這是Toyota Roof Garden開發的環保貢獻植物。

兩位童工小兄弟對種植並不陌生，日本從小就會讓每個孩子在學校種花和果實。弟弟種過紫色的牽牛花、紅色的鬱金香、特小西瓜、最後只結三粒豆子的毛豆。孩子們透過栽種，觀察植物的特性和生長情形，是生物科學課也是生活道

自己種的毛豆最好吃。

德課。從親手照顧的過程中，培養對植物生命的尊重和體會農夫的辛勞。看到兩位小兄弟收穫時滿足的笑容，連我都很有成就感。

選對土壤才能茁壯

我們決定要在客廳前的庭院，開闢一個小小的家庭菜園。首先嘗試種番茄、小黃瓜和茄子。

初期長得很緩慢，高人指點說土有些貧瘠。新手小農的我以為土就是土，沒什麼差別。到園藝中心一看，才發現有各式各樣的土，玫瑰土、橄欖樹土、番茄土。原來這麼講究啊！我趕緊買包專門種番茄的土，果真很快就長大了。

番茄雖然長高了，但全都有氣無力地快要趴在土壤上。高人又指點，番茄和小黃瓜需要支架。我很佩服高人，但他更驚訝地說：「這不是常識嗎？小學二年級會挑在這個季節教攀藤植物。到了夏天，整片綠綠的苦瓜攀藤，是最自然的遮陽簾。」

我這才發現，在日本種苦瓜遮陽是出了名的，較少拿來入菜，只有沖繩以「ゴーヤチャンプル」（苦瓜炒蛋）這道料理聞名。我算滿喜歡的，所以偶爾

會點來吃，但每次吃完都很想跟店家誇耀，台灣的苦瓜炒鹹蛋有多好吃。

番茄需要支撐指引

原來，光靠肥沃的土壤是不夠的。成長時需要支架引導它向上，給予有力的支持，告訴它哪個方向是寬闊的天空，不要往下垂。沒支架的番茄，風一來就很容易折斷。

種番茄好像養育孩子般，需要及時引導和支持。用適合的肥沃土壤奠定基礎，在陽光充足的環境細心地澆水照顧，不時關心有沒有蟲蟲危機，選擇有機天然的營養灌溉，不能用激烈的農藥手段去解決問題，否則最後會傷害到吃下肚的我們。

番茄越長越高，在一個月內長快超過一百公分，都快要跟小兒子一樣高、過不久就比我還高了。有一天，終於看到比珍珠還小的綠色番茄，心想，過不久就可以吃到自家的無農藥小番茄了。

隔天早上，院子裡傳來兒子們的歡呼聲。是番茄變紅變大了嗎？

「不是，是隔壁的小黃瓜長出來了。」

美麗的黃花和細細的莖，變成一條健碩的小黃瓜。我這才恍然大悟——以前總覺得明明是綠的，為什麼要叫它小黃瓜？

「植物」不可貌相，原以為長很快的小番茄會第一名，結果竟是旁邊矮矮的小黃瓜先抵達目標。輸在起跑點也不用著急，最後誰會獲勝還不知道呢。

我不禁感慨又欣慰地伸手想摸摸這長進的小黃瓜，不料卻被刺到，還滿痛的。我以前不知道小黃瓜有這麼多小刺，此時腦中浮現超市裡，躺著一大堆無刺卻無奈的乾扁小黃瓜，原來它們曾是水分飽滿、意氣風發的少年郎。

第二天剛好是小兒子的運動會，史上收成的第一條小黃瓜，成了便當裡最受注目的主角，可愛熊貓飯糰、章魚熱狗竟然全都遜色失寵。

過幾天，小黃瓜旁邊表皮光亮的紫色茄子長出來

二年級種的超可愛小小玉西瓜。

一年級種的鬱金香。

了，真的好漂亮。但是不愛吃茄子的兩位小兄弟，興趣缺缺、平淡地說：「媽，茄子。」

番茄的斷捨離

番茄長出來時，就不一樣了，他們開心地大聲歡呼，整條巷子大概都知道我們家有種番茄。

起先是綠綠的，一串大概有七個，最頂端最小的那顆必須摘掉，稱作「摘果」，這樣其他的才會大又甜。這……不就是犧牲小我、完成大我的精神嗎？那最先被摘下的小小番茄，比珍珠還小，硬硬的很結實。這讓我更捨不得了，明明好好的，為什麼要摘掉呢？

不過，種番茄要割捨的不只是摘果，還要剪枝。基本上，維持單株，番茄才會又大又甜。我常常早上站在番茄前面，一剪就是兩、三個小時，成長速度快到難以置信。支架早已不夠用，得改拉橫的，最後枝條還是

紫色茄子花很美麗。

小黃瓜開黃花，所以叫小黃瓜。

太長，我只好讓它往旁邊高大的木蓮樹攀附。哥哥說，我們家快成了番茄森林了。我有點後悔當初不該買六株苗，兩株就綽綽有餘了。

後來，我剪枝剪到疲乏，偷懶了幾天，長出來的番茄小小又酸酸的。斷捨離不夠，是沒辦法重生的！於是我繼續剪枝條，收成紅紅的可愛小番茄。我們家所有人都喜歡吃小番茄，雖然日本的品種之中沒有台灣聖女，很少直接拿來當水果吃，但是兩兄弟回家，直接從番茄小森林裡隨手摘幾顆吃，真是愜意，而且完全沒有農藥。

當然，我再也不用在超市買番茄了，每次看到時，都讓我略有敵意，然後很驕傲地說，跟我家的沒差多少。我倒是很不解，一小盒八顆左右的小番茄，大概要新台幣八十多元，這麼豐收竟然價錢還這樣好。我是不是應該像台中大坑路旁的阿婆，在家門口擺一攤賣番茄。兩兄弟聽了我的想法，舉手贊成。

「你們輪流顧店，賺的跟我二一添作五？」

「媽，不用啦，可以用無人商店的方式，讓想買的人自己投錢。」

我原本只是開個玩笑，不過這倒是一個可行的方法，還可兼賣旁邊長的很嗨的薄荷、羅勒、芝麻葉、紫蘇。

乾涸的艱辛環境，番茄才會更甜

我想到先前和朋友聊到小番茄晚成的情形，她說不要澆太多水，番茄才會甜。乾涸的艱辛環境，才會激發番茄醞釀甜度。沒想到這是真的，水不用太多，專心照顧主株一株，摘掉旁枝，犧牲最小的果實，就能造就番茄小森林，小小有機菜園成了我領悟人生哲理的園地。而且，好處不只這樣……

暑假作業的自由研究

我靈機一動，暑假作業的自由研究，就以食育的觀點，來好好研究一下「小番茄」吧。每年光是想主題就拖到八月中，要找到好題目很不容易。

除了種植的過程和心得外，還可以探討番茄的營養素和對身體的好處、不同的品種、各國的番茄、義大利菜或料理中的番茄、番茄的加工食品、番茄的歷史；最後討論一下流通面，為什麼日本番茄會這麼貴、產量有多少、主要產地在哪裡。此外，還能融入國際觀點，介紹台灣好吃又甜的聖女番茄。

這下子，我真的可以翹起二郎腿，安心地好好放暑假了。

懷念的紫色牽牛花──朝顏。

一串串綠色的待熟番茄。

院子隨手摘、隨手吃的番茄。

日本文部省的食育理念

日本的學童一樣有營養不均衡、偏食、不吃早餐的問題，還有肥胖、食物過敏等體質的困擾。

「藉由食物，了解地域性特色，繼承食文化，享用自然的恩典，和感受勤勞的重要性。」茨城縣的食育指導手冊中，明確設計了從小學一年級到中學三年級的食育學習目標。

弟弟的幼稚園得過「早睡早起吃早飯大賞」，園長伯開心得不得了，大大的得獎布旗掛在幼稚園門口。

日本文部省的食育指導目標從六大方向著眼：

1. 飲食的重要
2. 身心健康
3. 對於食品的選擇能力
4. 感謝的心
5. 社會性
6. 食文化

每個城鄉縣市和學校，依照這六大方向，配合孩子的年齡和心智發展，訂出實際的推行計劃。同時結合時令，享受四季風情，建立旬的觀念。

除了營養午餐時間，學校還會舉辦和食育相關的活動，配合各學科，像歷史、地理、理化、國文、健康教育、體育、家政工藝、道德課。學校的力量有限，再聯合社區和家長，以及附近的學校，共同為孩子的食育鋪路。

原來，這就是弟弟小學三年級時，校外教學去超市參觀的原因。看賣場區域和超市後方蔬果、肉類等食物加工處理的情形，也是食育的一環呢。超市是家裡幾乎所有食材的來源，一星期大概要去三次，想想的確是挺重要的關鍵。

出處：日本文部科學省，《食に関する指導の手引き》。

簡單就能持續——我們家的早餐故事

吃早餐可以讓腦袋瓜活性化，清醒起來。

古人說，一日之計在於晨，其實是有數據證明的。日本研究調查指出，按時吃早餐的學童，似乎在課業上有較突出的表現。台灣外食方便，早餐選擇豐富，但偶爾在家做早餐，一起從餐桌展開活力充沛的一天，也是不錯的選擇。

遠離「不知道明天早上要吃什麼」的煩惱！

只不過，我常三天捕魚，兩天曬網，然後就忘記有捕魚這回事。

為了克服這個問題，我從孩子們的參考書獲得靈感！找到一個不錯的「天天做早餐方程式」，像算數學一樣，從最簡單的入門基本例題延伸出應用變化。基本的觀念根深柢固後，就能輕鬆舉一反三，做早餐一點都不辛苦。

●和風早餐基本題型是「味噌湯加飯糰」。

1.味噌湯的基本是豆腐和海帶，接下來應用變化，換成馬鈴薯、高麗菜、白蘿蔔、小魚乾、油豆腐等。

2.飯糰裡可以簡單到只加鹽，或是鮭魚鬆、柴魚鬆、明太子、昆布、梅子等無限變化。

3.飯吃膩了換麵類，烏龍麵、素麵、お蕎麦；冬天吃熱的，夏天吃冷的。

●西式早餐基本題型是「土司麵包塗奶油、草莓醬」。

1.光應用變化成榛果巧克力、花生、奶酥，就可以撐很多天。

2.甜的膩了換鹹的，鮪魚、玉米、火腿、熱狗、荷包蛋。

3.進階變化換麵包種類，牛角麵包、英國馬芬、熱狗麵包。十種料搭配四種麵包，算一算就有四十種變化。

我固定列表每天要吃什麼，記在手機裡，和、洋風交替，有邏輯不用愁、吃不膩，營養健康省荷包。若省掉要想的部分，直接知道隔天要吃什麼、要買什麼，就會省事許多，不會煩躁，做早餐這件事就變得——簡單而容易持續。

第二章

料理的故事
和風篇

1 經典烤魚和味噌湯手記

晚上睡覺前，我並沒有禱告的習慣，但總會在心中告誡自己：明天早上，鬧鐘一響，不要按掉，直接起床。

我是標準的夜貓子，就是那種自稱越夜越美麗、再晚都沒有問題的，但早上就是起不來，可以為了睡覺而放棄所有事。「親手做早餐」這件事，簡直是天方夜譚，沒有一個朋友會相信，但是我真的做到了。

在每天早上極度慌亂的戰場中，我邏輯式地把步驟簡化，反覆熟練，用我的SOP，照事先列表預定的早餐菜單，想像廚房是工廠生產化管理。奇妙的事情發生了，我竟然持續了好多年，讓所有人對我另眼相待。

每天早上起來，第一件事就是煮味噌湯。

我拿出工業設計大師柳宗理的二十二公分鍋子，用PreTax大量杯裝八百

ＣＣ水。簡單分析：一個味噌湯碗，裝一百八十ＣＣ左右，這樣剛剛好是四人份七百二十ＣＣ。我的風險管理：八十ＣＣ的誤差是水蒸氣蒸發，或是盛湯的時候不小心倒了出來。

熟練後，其實可以「目測」是柳宗理鍋約三分之二位置的水。味噌湯不能隔餐喝，沸騰前就要關火，再加熱過的味噌湯會香味盡失。

我試著精準地煮剛好的量，不隔餐、不浪費食材。有時沒有量杯，單純用目測但結果煮出來的量剛剛好，我就會很開心，有種「賓果！」的勝利感，小小在心裡佩服自己。我試著用各種方法在廚房取悅自己，讓這個小天地充滿自信和歡樂。

熬昆布高湯

我在鍋中八百ＣＣ的冷水中，放入一段北海道「羅臼昆布」（らうす），約十公分長，浸泡不開火約五分鐘。利用這段時間，我去刷牙、洗臉、綁頭髮，再回來廚房開火讓水滾。

昆布不用洗，上面白白的粉是「旨み」，水洗會把有味道的精華洗去。

「旨み」是人類味覺的新種類，**稱作鮮味**，令人覺得好吃，就跟酸甜苦辣一樣。昆布含有豐富的食物纖維，並且富含鈣、鐵、鈉、鉀和碘等多種礦物質，是有助於人體結構和健康的重要營養素來源。日本人拿來煮湯底，簡單又營養，比較少像台灣人熬大骨湯，費時又費工。

昆布的種類很多，我選北海道「羅臼昆布」煮湯底，是因為味道很濃醇，適合煮味噌湯。

接著來烤魚

我拿出冰箱冷藏的鮭魚，用清水沖過，用好市多的廚房紙巾擦乾，兩面都撒上德國阿爾卑斯岩鹽，放入瓦斯烤魚箱，大約烤十分鐘。日本幾乎所有家庭，在瓦斯爐或是IH下方，都有個專門烤魚的地方。每天在睡眼矇矓時，切記在烤盤加水，烤出來的魚才會很香很嫩，不會乾巴巴的。最厲害的是，不需要用到油，很健康。

我習慣用米量杯加半杯左右的水。加太多水會發生以下的悲劇：拉開烤箱時，不小心讓沒收乾的油油烤魚汁濺出來。不用說，很腥、很油、很可怕。預

我最常用來煮湯底的羅臼昆布。

防悲劇發生，是我讓家事簡約化的大原則之一。

備味噌湯料

等烤魚的時間，可以來準備味噌湯的料。

我通常用嫩嫩的絹豆腐，一半再一半，共切七刀。

切完豆腐換切蔥末。日本的蔥很大，直徑大約一至兩公分。我通常把最外一層拿掉，防農藥殘留或是洗不夠乾淨，而且比較細、口感較好，孩子會不小心吃進去而不刻意挑出來。

日本人每天持續喝味噌湯不厭煩，靠的就是湯料的變化。大原則是兩種料，最經典的是豆腐和わかめ（海帶芽）。我喜歡買生的海帶芽，把鹽沖掉，切成小小的，直接放入旁邊排好隊的味噌湯碗，不用下鍋煮，靠味噌湯的熱度就足夠了，否則會爛爛黏黏的。

哥哥喜歡到常常自己熬昆布湯。

以前把海帶芽放下去一起煮，盛完湯後，會發現鍋緣有一、兩片沒有被撈起來的海帶芽，尷尬地不上不下，若沒及時發現還會乾掉，緊緊地黏在鍋子內側，要很用力刷才會掉。這大概是當海帶芽最大的悲哀吧。後來，我再也不曾把海帶芽放進鍋子裡煮。

終於，水滾了，我把「羅臼昆布」拿出來。

我以前覺得這很浪費也不合邏輯——昆布煮湯底，不是要一直熬，熬到昆布鞠躬盡瘁，所有精華都進入湯底裡？但是日本人認為，昆布煮久了會有點澀，湯喝起來帶有雜味，不夠甘醇，因此湯滾了之後就把昆布拿起來。不過，節儉的日本人並不會將昆布丟掉，而是放涼後裝袋，收到冰箱冷凍庫保存，累積到一定的數量後，一起拿來加醬油做滷海帶。

味噌主角出場

拿出昆布、放入豆腐，接下來就是主角味噌出場了。要加多少味噌，看個人的口味喜好。我不想讓家人吃太鹹，通常八百ＣＣ的水搭配約滿滿的一大匙。放進味噌專用篩網，在湯裡一邊攪拌、一邊溶解。祕訣是在湯滾起來前就關火，才不會讓香氣全蒸發，失去香醇淡雅，徒留焦雜味。

我習慣把切好的蔥末分成兩部分，一半加入味噌湯一起煮，小朋友就會被我魚目混珠，不知不覺地連蔥都喝下去。我們大人比較喜歡重口味，上桌前再撒下蔥花兒，比較有香味，賣相也比較好看。

我先盛兩碗給小朋友們，因為他們怕燙；我和把拔等要喝之前才盛。我會蓋上鍋蓋，切至IH的保溫功能。

盛好湯、擺上桌之後，這時鮭魚也差不多烤好了。我小心翼翼拉出烤魚盤，用柳宗理的料理夾將鮭魚整塊夾出來，留心不要斷一半，放到長形的有田燒盤子，撒上少許胡椒就可以上桌。

最後，盛上昨晚預約煮好的新潟越光米飯（コシヒカリ）。這時，三位男生也都起床了，映著六點出頭的朝陽，在「いただきます」聲中，開始活力充沛的一天。

我的燒魚定食步驟Step By Step

1. 冷水泡昆布
2. 烤鮭魚
3. 開火煮湯
4. 切豆腐和蔥
5. 湯滾放豆腐或料
6. 放味噌＋關火

2 應 味噌湯應用題

「經典烤鮭魚和海帶芽豆腐味噌湯」這道基本題熟練後，就可以開始做應用題，變化食材和切法，一下子就能同孫悟空般，變出七十二道花樣。除了換味噌湯裡的料，也可換味噌種類、豆腐種類，或豆腐的切法。

我以前覺得日本人好可憐，天天只有味噌湯可以喝。後來才發現，原來味噌湯的定位很神聖，而且有很多相關的學問和俚語。

「手前みそ」形容事情輕而易舉。比如，幫忙同事跑一趟郵局寄東西，同事道謝後，可以回「手前みそ」，意指小事一樁，就像拿眼前的味噌罷了。

在昭和時代，聽說求婚時的標準台詞是：「你可以每天早上為我做味噌湯嗎？」

類似大骨湯湯底概念

對日本人來說，味噌湯是一種湯底。以前台灣家裡會有一鍋大骨湯，每天的湯裡放貢丸、餛飩、竹筍等不同配料。日本一般家庭很少燉大骨湯，幾乎只在外面的豚骨拉麵店才會看到。台灣人認為吃骨補骨，有豐富的鈣質。味噌湯則有豐富的植物性蛋白質，而且發酵食品很健康。

依味噌湯料不同而變化

基本上，我會只放兩種料，最多三種。以前我喜歡放很多，但是不受歡迎，被說好像在吃飼料的感覺。比較禮貌的說法，就是沒有味噌湯的意境。

鼎鼎有名的是豆腐和海帶芽。我們家常放老少咸宜的馬鈴薯或菜頭。我把馬鈴薯切成條狀，非常快煮熟，小朋友很容易入口。有時我換成大根（白蘿蔔），也如法炮製，切成籤狀。日本的蘿蔔真的很「大根」，大到在超市會切一半賣。有人喜歡買頭，有人喜歡買尾部。

其他的味噌湯料，像是菠菜、小松菜、高麗菜等青菜類，加上一種菇類，例如金針菇、鴻喜菇、杏鮑菇、滑菇（なめこ）。一菜一菇就可變化成風情萬種的味噌湯。換個邏輯來說，就是冰箱有什麼就放什麼。有一次我放了香腸和洋蔥，還真的很下飯，受到佳評。

我記得小學營養午餐或是吃自助餐時的味噌湯，都會有柴魚片。日本人會把它當成渣渣，用柴魚片熬湯後的湯底會先濾過，保持清湯滑順的口感。

我的日本朋友也喜歡喝台灣的味噌湯，但是不承認那叫味噌湯，而稱作「很甜的洋蔥豆腐湯」。不過，一旦有人說台灣的味噌湯怎麼這麼甜時，我會反擊說，日本的味噌湯怎麼這麼鹹。

日本味噌湯和拉麵很鹹的原因，在於基本定位不同。對台灣人來說，味噌湯就是湯，拉麵就是麵，是獨立的個體。但是日本人把味噌湯當成一種配菜，所以才會有吃拉麵配白飯、吃「焼き餃子」（煎餃）也配白飯的情形。

我在日本中學教英文時，問學生說，你今天吃了什麼早餐？學生回答：Miso Soup and Rice. 我心想，是因為其他配菜的英語單字不會說嗎？還是家裡經濟情況比較不好？只吃白飯配味噌湯，聽起來好可憐喔。後來才知道，這對很多學生而言是很普遍的事。味噌湯就是配菜，所以比較鹹。

我家弟弟喜歡單吃白飯，不用配任何菜。在日本，這不叫可憐，而是培養美食家味覺，比較能從單一食材品嘗出原有的風味。

蔥的故事

日本的蔥，不是很粗、就是很細。很細的叫「万能ねぎ」——名字很有意思，叫「萬能」。比「萬能」還厲害的叫「九條蔥」。電視上介紹京都的九條蔥，說得出神入化，於是我去高檔超市找找，果真看到包裝很有設計感的塑膠袋，裡面放了少少幾根蔥，要新台幣一百元左右呢。我仔細一看，這就像是台灣市場裡最常見的、買青菜老闆就會免費塞一把的蔥。

我想，在日本一定不會罵人「你是哪根蔥呀」，因為日本每種蔥都有身世品種背景，不是隨隨便便讓人抓一把。

日本人相信蔥有神奇療效，感冒的時候，會在脖子圍一圈蔥。我第一次聽到把拔說時，噗哧大笑，這是那門子的巫術啊？後來常在日劇看到這橋段，不擅表達的清純女主角，細心照顧發高燒的心儀男友，默默地在他脖子圍上一圈青蔥。我這才相信，原來「感冒圍蔥」是一種受歡迎的日本民俗療法呢！

每天早上切蔥的聲音，是許多日本男性夢寐以求的。據說最近有種鬧鐘的鬧鈴聲，就是模仿早晨媽媽或太太在廚房切蔥的聲音。在這聲音中醒來，會覺得倍加溫暖幸福。

大蔥和小蔥。

依味噌種類不同而變化

每天喝味噌湯不會厭倦的理由，除了變化湯料之外，還可以改變味噌的種類。味噌基本上有三種，「合わせ、白、赤」。以前味噌都是自家做的，所以有很濃厚的地方特色。

關東地區很常見、很普通的是合わせ味噌，已加入柴魚調味，不需要加入其他東西調味即可上桌，可以說是味噌湯的入門。

白味噌，口感比較甜，受京都人歡迎，「西京味噌」指的就是京都用米麴製成的白味噌。我們家最近流行喝赤味噌，口感重而香醇，像是名古屋的「八丁味噌」，適合放滑菇或是蜆，用味噌小漆碗裝，感覺很高級。

我第一次喝赤味噌湯，是在「天ぷら」炸物專門店喝到的，覺得很特別，後來才知道深色的湯原來用的是赤味噌，發現日本的味噌其實有這麼多種。

我的冰箱必備三種味噌，配合當天的料理和心情，選擇煮不同的味噌湯。問題來了，同時買三種味噌，不就一年都用不完？其實不會。因為味噌不光煮湯，還有其他用處。

味噌、麹漬け

用味噌或米糠醃魚肉、雞肉、豬肉等很有日本傳統風情的食物，很常出現在我家餐桌。

魚肉有豐富的ＤＨＡ等營養，但由於多刺，所以小朋友能吃的種類有限。用味醂和味噌醃過的魚，非常地軟，很下飯。有時換個口味醃雞肉或豬肉，搖身一變，成為高級雞肉或名牌豬肉。

我通常會拿味噌來醃肉或魚，好吃又方便。用味噌醃過的肉，非常地嫩，從超市買的普通肉，吃起來都會有很高級的口感。另一個好處是幾乎都不用再調味，只是比較容易焦掉沾鍋，烹調要小心。我常用味噌把肉醃好，放入夾鏈袋後冰凍，便於隨時想吃或應急。

居酒屋的下酒菜，常用綜合味噌加上一點糖和味醂，拿來沾小黃瓜吃。「金山寺味噌」很受歡迎，是我冰箱的常備軍，請客時做為前菜很受歡迎，沾一小片一小片的高麗菜，類似美國的Dip。

另一個常備軍，是日本最近很流行的麴（こうじ），釀清酒或是製作味噌、味醂時需要的發酵原料，對身體好，對皮膚也好。煮味噌湯時加一點會更香醇濃郁，燉肉時可以讓肉更嫩更入味。

有一次，在農產直銷店買到我心愛的空心菜，回家炒菜時好想放豆腐乳。日本一般既沒有空心菜，當然更不會有豆腐乳，於是我靈機一動，放了麴，既健康又美膚，吃起來有台灣味。

豆腐的種類及切法的變化

味噌湯除了變換味噌種類，換豆腐或切法也是一種變化。

在日本超市，販賣的豆腐主要分兩類：木棉豆腐和絹豆腐。木棉豆腐比較硬，適合拌炒成麻婆豆腐之類的，但拿來煮味噌湯也很好喝。絹豆腐很嫩，切太小塊會碎掉，我常會請弟弟切大塊一點，湯豆腐風，很雅致。有時切大塊、有時切小塊、有時切長條型，碗裡的世界多了變化，口感也不同。

我記得和公婆同住時，婆婆曾跟我說，日本的婆媳會為了味噌湯裡的豆腐切法，彼此看不順眼。

我當時心想，婆婆是不是在暗示我不要跟她爭豆腐切法？不過她可能對我了解不深，通常我只負責吃，要怎麼切都OK的。

我家冰箱隨時有三種味噌。

猜猜看，哪個是木棉豆腐，哪個是絹豆腐。

沒有豆漿的日子

我在日本有個小抱怨，就是沒有好喝的豆漿。

不知道是不是因為味噌湯太強大了，所以日本人不太在意豆漿。日語叫做「豆乳」，跟中文的豆腐乳是完全不一樣的東西。超市賣的鋁箔包豆乳喝起來假假的，難怪日本人不愛喝。我偶爾實在是太想喝時，只能買咖啡調味豆乳，勉勉強強喝一下。

這樣的日子實在不好過，於是我決定回台灣買豆漿機。日本朋友聽到我要自己做豆漿，肅然起敬，問說可不可以一起見學。我大方地準備北海道產的大豆，讓日本人見識一下什麼叫做豆漿。

我買的豆漿機聽說可以打得很細，但是對我來說，喝起來還是有些渣渣感，不順口。於是我拿起棉布過濾，不一會兒就濾出了一個圓圓的豆漿渣渣包。我裝熟練地扔了它，心滿意足地想趕快試試濾過剩下的少少豆漿。這時，我的日本朋友一臉訝異，怎麼我把最有營養的精華扔了呢？那過濾後稀稀的液體，不就只是一碗豆子水？

她借我的廚房一用，把豆渣包加上日式醬油、胡蘿蔔絲、冰箱剩的毛豆和竹輪，煮成一道「おから」（豆渣）。其實還滿好吃的，只是我還是鍾情我的豆子水。

第二個小抱怨，就是沒有豆花。

我是從小吃豆花吃到大的，夜市、市場、冰店，飯後來碗豆花，合情合理。但是日本人這麼愛豆腐，連渣渣都那麼愛，昆布清湯清淡風雅，為什麼就不能接受甜的豆腐呢？芝麻豆腐不也是甜甜的嗎？

我記得曾帶日本朋友去吃豆花，他把豆花撈起來吃之後，留下一大碗甜湯。我告訴他，豆花和甜湯一起吃很好喝喔。他笑笑有禮貌地喝了一口「甜甜的豆子水」就停了。我不方便繼續推銷，但最近才恍然大悟，原來他的感覺是像在吃湯豆腐，那自然不會將整鍋高湯喝下肚囉。

第三個小抱怨，就是沒有豆皮。

唯一能在超市買到跟豆皮最相近的食物，叫做「ゆば」（湯葉）。價格如其名，優雅高貴得不得了。我曾在京都料亭吃過一口「湯葉刺身」，精巧別緻的陶器，就只裝一小口，沾芥末和醬油吃。日本客戶見我如此喜愛這道和食，直誇我能透徹日本文化的精髓。我微笑點點頭，盡量低調地解釋，平常的台灣滷味或火鍋，都是吃比這個大九倍、厚三倍的呢。

光這麼一小口實在不過癮。而且，豆皮不過是豆漿加熱時浮出來的那一片片薄薄的皮，我愛吃，但一點都不覺得詩情畫意。

同樣的食材，對不同的民族和文化，會有相異的詮釋和遐想呢。

薄薄的湯葉。

後來，公婆搬回北海道老家，我自己不得不下廚切豆腐時，思量起這個問題。為什麼日本婆媳會為了這種小事起衝突呢？豆腐有那麼多不同的切法嗎？

我平常用標準七刀對半切法，有時想裝高尚有氣質，會用京都風湯豆腐切法。說穿了，就是豆腐切大塊一點。大約是三刀。

兩兄弟很喜歡味噌湯放滑菇，這時豆腐就很適合切成一公分乘以一公分。晚飯時間，弟弟也會幫我切豆腐，他切得可開心呢，只不過有時過了頭，幾乎成一片豆漿狀。

漸漸我體會到，原來味噌湯裡的豆腐，會因為切法而有不同的風味。簡單的一碗海帶芽豆腐味噌湯，可以換味噌的種類、豆腐的種類，或是變化豆腐切法，千變萬化，難怪日本人每天喝都不會膩。

味噌湯對日本人來說，是意義重大的。從小寶寶開始的離乳食品，就會喝味噌清湯（すまし）。追溯歷史，最早在平安時代是貴族的奢侈品，到鎌倉武士簡約的一汁一菜中登場，如今是現代人營養均衡不可或缺的存在。從古至今、改朝換代，日本人的餐桌上，總是有碗素靜恬和的味噌湯，熱呼呼地緩緩冒著白煙。

3 應 魚的應用題：煮魚定食

熟練了經典的烤魚，再把味噌湯變化過一輪之後，接下來就可以挑戰魚的不同作法。

日本人很喜歡吃魚，除了新鮮的生魚片之外，最常見的料理方式還有烤魚或煮魚。魚大致上可以分為三類：白身魚、赤身魚、青魚。

青魚含有豐富的ＤＨＡ，因為魚皮亮亮的，又叫做「光物」（ひかりもの），像是秋刀魚、鯖魚等。青魚類味道比較腥，我個人沒有特別愛，但營養價值高，有種非煮不可的大義在。

我試著想出兩全其美的好辦法，能讓孩子們不知不覺將青魚吃下肚。用醬油和味醂來料理，是蓋過腥味的好手段，這就是所謂的「煮魚」。

若真的不喜歡青魚類，鱈魚很適合拿來做日式煮魚，比目魚也很受小朋友歡迎。家庭料理常加入切得大大塊的白蘿蔔，像是關東煮一樣大小，白蘿蔔吸

從我煮的第一碗味噌湯開始，陪我十幾年的柳宗理鍋子。

入煮魚汁的精華，一下子就很入味，配魚吃很爽口。

醬油煮魚的作法

煮魚調味很簡單，只需要醬油和味醂。可以加薑片去腥，或加蒜頭變身台式蒸魚風味。每戶人家都有大同電鍋，當然我們家也不例外。當大家紛紛從日本帶煮飯鍋回台灣時，我則拎著大同電鍋遠赴東瀛。最近大同電鍋熱到日本，書店也出現了「大同電鍋食譜」。

直接用柳宗理的單手鍋煮也很方便，就是我天天早上煮味噌湯的那個鍋。我刻意把廚房的鍋子維持在最少量，用堅忍的毅力告誡自己不能買，好實踐我的簡約風。東西少了，自然神清氣爽。

醬油和味醂煮滾後就放入魚片，蓋上鍋蓋煮四分鐘，將魚翻面再煮四分鐘。

我煮菜分量不多，很少隔餐吃，有一次把拔突然有事沒在家吃飯，「先冰冰箱，明天早上吃。」他說得氣定神閒。

「那我幫你換可以微波的盤子，你明早自己加熱？」我好心腸地問。

「不用，我直接吃。」

冰箱的剩菜直接吃，聽起來好可憐喔……還是純粹懶到一種境界？

「不會啊，這樣比較Q。」

我突然想起北海道的阿嬤，也曾經在廚房的角落吃隔餐冰冰的魚。我當時解讀為她是阿信，為別人奉獻，對自己卻很隨便。

真不愧是吃生魚片的國家，煮過的魚也可以不加熱冰冰的吃。

鯖の味噌煮

台灣常吃到的鯖魚（さば），口味重，很適合用味噌煮。加一匙味噌，營養加分又下飯。這就是鼎鼎有名的「鯖の味噌煮」，常常出現在日式定食裡。

鯖魚有一個很常說的慣用語，叫「鯖を読む」。我在超市一邊選魚，一邊問弟弟知不知道這句慣用語的意思。他得意地說：

「我知道，就是媽媽明明已經四十歲，還說自己三十歲。」

「女人的年齡是祕密，不能說這麼大聲。」

「假裝媽媽是五十公斤，卻說自己是四十公斤。」他想了想，換用假設的

練戀刀工──魚頭的故事

有天在超市，見到很珍貴的一條「のどくろ」（赤鯥），便請師傅幫我切。他問我要怎麼煮，我想像喜宴的清蒸鱒魚，但對日本人來說，這很難解釋，魚也不常用蒸的，於是我直接說要「煮魚」。

師傅一副包在我身上的表情，「はい」完一聲，馬上拿進去廚房處理。結果端出來的是三片魚，重要的魚頭、魚尾都不見了。我很懦弱地低聲說了謝謝，沒有向師傅追問魚頭的下落，無奈地轉身離開。

這若是發生在台灣喜歡吃魚頭的媽媽身上，肯定會很錯愕。日本人基本上對魚頭沒有興趣，比較像西方人，餐桌上很少會出現魚頭。他們大概很難體會台灣的砂鍋魚頭、很難相信老饕吃魚眼睛的事情。

那晚沒了魚頭、只剩魚片的蒸魚，看起來非常落寞，味道也遜色許多。惋惜沒有我最喜歡魚鰓的那極小一片肉。我不吃魚頭，但極度喜愛那一片肉。我想到我做出為人母最自私的事，就是猶豫幾秒後，自己吃掉了那片小魚腮肉，沒有留給孩子。

在日本，提到有修養、會廚藝的小姐，最含蓄的說法就是會「三枚卸」。基本上，日本人內斂不自誇，一聽到「三枚卸」就知道是高手。就算不會「三枚卸」，至少聽到別人說時，知道是在暗示她自己是高手。

我當初學殺魚，倒不是想成為有教養的好人家，只因在台灣考中餐執照時，得會這個技術。要在非常有限的時間內，把一條吳郭魚處理得乾乾淨淨，煮起來不帶血腥味。

我第一次處理時，水槽的血腥味、被水沖出的內臟、亂飛的魚鱗、很難扯斷的魚鰓，讓我一邊念阿彌陀佛，一邊想放棄考取執照的念頭，甚至有衝動要不要開始吃素。

幾番掙扎後，我還是堅持下去，戴上口罩和眼鏡，記著老師教的訣竅和方法。周圍的人都是餐飲科學生和已經在工作的廚師，就只有我很肉腳。為了克服心理障礙，我努力想像自己是料理職人，找一些很振奮人心的料理日劇來看，像是時代劇《身をつくし料理帖》（澪之料理帖），北川景子演的孤苦少女澪，如何練就刀工、挑戰難度高超的鱧（はも）。

考前到南屯媽祖廟旁的市場，魚攤老闆知道我要考中餐執照，給了我五十條魚，只算我五十元，叫我回家好好練習。殺了五十條魚後，我比較懂得如何掌握要訣，五分鐘迅速殺魚，確實洗淨。皇天不負苦心人，我終於考過了。

現在，遇到喜歡炫耀自己的媽媽朋友、我聽不下去時，會假裝不經意地提起，我在超市都是買「整條魚」，回家要煮之前才自己動手處理。事實上，這麼做魚也比較好吃，因為鮮度被保存，沒有不悅的味道。

我有點悔不當初，當年若是早點考取中餐執照、學會處理魚的話，相親時應該會被長輩們多加幾分。

方式回答。

我義正辭嚴地看著他的眼睛說：「女人的體重是機密。這是成功的男性一定會銘記在心的。」

弟弟突然問，為什麼要用鯖魚來比喻呢？聽說是因為鯖魚皮薄很容易損傷，導致賣不出去，古時候漁夫把魚拿去賣，被問到有幾條時，就把數字說得很快，想要魚目混珠、含糊帶過。

鯖魚罐頭

最近在日本書店逛食譜區時，發現很流行「サバ缶」（鯖魚罐頭），據說營養價值比生的鯖魚還高。因為容易保存，期限很長，是家裡的必備存糧。由於近年來地震天災頻傳，日本人防災意識高，平常就會準備好一個防災避難行李包。我的防災包裡，也有幾個魚罐頭。

鯖魚罐頭可以搖身一變，成為各種美味的料理，像是沙拉、義大利麵。小孩子對鯖魚罐頭的接受程度比一般煮鯖魚還高。

日語的鯖魚和法語的「你好」發音很像。

4 來碗熱湯

標準的和食

哥哥的日本小學五年級的家政課本，是我最喜歡的一冊，裡面有許多很實用簡單的資訊。舉例來說，標準的和式料理是指「一汁三菜」：

主菜：馬鈴薯燉肉
副菜：涼拌菠菜
小菜：醃小黃瓜
湯：豆腐海帶芽味噌湯

日語中和式的湯用「汁」這個字，跟果汁一點關係也沒有。像味噌湯叫「味噌汁」、「豚汁」指的是豬肉味噌蘿蔔湯，是日劇《深夜食堂》片頭出現的料理。西式的玉米濃湯「コンスープ」（Corn Soup）、洋蔥湯「オニオンスープ」（Onion Soup），則用片假名スープ（Soup）。

台灣也說三菜一湯，但是標準有點不同。台灣的三菜大概是有魚有肉，再來個炒青菜。相較之下，和食則比較簡單，除了主食之外，包含主菜、副菜、小菜，有主副之分。主菜通常是一種魚或肉，並不是魚和肉。副菜則是簡單的煮物，小菜是「お新香」（醬菜），湯則一半以上是味噌湯。

台灣的三菜一湯

我常被問到，在家比較常煮台灣菜或日本菜，我回答幾乎都是日本菜。有時候會被說好厲害，小孩和先生都比較習慣吃日本菜嗎？

真正的理由是，台灣菜比較費工。日本菜簡單多了，用油少，主菜只需要一種。不過缺點就是大大小小盤子太多，洗碗的時候比較麻煩。

以前我保留台灣的習慣，結果被抱怨煮太多樣，自己也因為腦子要想煮太多樣而造成壓力，負荷過大、喘不過氣來，自炊不到三天就放棄。

我認為菜要趁熱吃才好吃，但常三催四請地，一邊煮菜、一邊拉開嗓門，還沒吃飯喉嚨就啞了。

後來我發現，日本對「趁熱吃」這件事，並不像台灣那麼在意。台灣的快炒、熱炒，很吸引人，有亞熱帶的熱情和豪邁。台灣丈夫似乎會抱怨「菜這麼冷怎麼吃」，但是和食中，冷菜很多，刺身、煮魚等，都沒有標榜熱呼呼。

日本人稱怕燙的人為「貓咪舌」，是貓咪舌的人太多了嗎？還是因為一年四季比較不熱，冷食比較不會有衛生的考量，許多冷菜應運而生。不過，想想也真有意思，台灣天氣熱，但是大家喜歡熱炒，熱上加熱，配冰啤酒、吹超強冷氣，過癮！

富有台灣精神的湯——料多味美

我家哥哥很喜歡喝湯，所以我每天會放多一點心思在湯品上，堅持餐桌上一定要有碗熱湯。湯裡面有各式各樣的料，碗裡面有各式各樣的營養，喝了就很安心。尤其是冷颼颼的日本冬天，回家喝碗熱湯，暖暖上心頭。日本人不喜歡湯料多，所以當孩子的爹出差時，我們家味噌湯裡的料都快跟湯一樣多，我美其名為「安心湯」。

小時候在台式日本料理店常有的「茶壺湯」，日語是「土瓶蒸」。我在家常煮，但外面罕見。

應 湯品的應用題

簡單歸納起來，我的湯底除了紅白味噌之外，有三變：和風的昆布，西式的洋蔥、番茄。基本湯料有兩到三種，有時候會加打個蛋花。這樣掐指一算，不就至少有八十一種變化嗎？

湯底＼湯料	蔬菜	菇菇	肉味
昆布	小松菜	鴻喜菇	培根、火腿、香腸
洋蔥	菠菜	金針菇	蛤、蛤蠣、蜆
番茄	高麗菜	杏鮑菇	蝦子、魚片

有FU的台式雞湯

我常燉雞湯，為了要有FU，我特地從台灣空運來喜宴常見的大同白碗「富貴盅」。

用法國鑄鐵鍋、或是大同電鍋煮，都很方便。雞湯的基本是雞肉和香菇：雞肉可以是雞翅、雞腿或全雞；香菇用日光浴過的乾香菇會更香。我有時會放很多大蒜或是枸杞（在歐美叫做Goji Berry），最近會加受到高度注目的南美Chia Seed（奇亞籽）。燉雞湯時，把家裡有的黃耆、紅棗、薏仁、蓮子等，全都一起放進去燉，燉好後，再放小朋友喜歡的鴻喜菇。

有次請客完，朋友說我做的是名副其實的「心靈雞湯」，暖身又暖心。雖然是客套話，但是聽得我心花怒放，自己好像也獲得了心靈雞湯呢。

轉骨方

哥哥身處青春期，正值發育，我請中醫師的二姊夫配了轉骨方，帶來日本。因為聽說不太好喝，所以我絞盡腦汁，想出可以讓哥哥乖乖服用的方法。

首先，要熬「藥引」九層塔頭。我用煮義大利麵專用的鍋子，裡面附有篩網，煮好後直接拿起來，把湯倒進大同電鍋裡。除了藥帖，我會放排骨或全雞一起燉，順便加很多紅棗和枸杞顧眼睛。

光喝湯有點苦，我有時會加日本麵線、青江菜。喝到膩時，只好拿出殺手鐧「豚骨泡麵」或日清「雞汁麵」，哥哥立刻一碗喝個精光，弟弟只能在一旁流口水。

我偶爾拿轉骨方來當火鍋湯底，涮豬肉或牛肉，沾芝麻醬或柚子醋（ぽん酢）。

每次和日本媽媽提到轉骨方的事，她們都聽得津津有味。

「漢方真厲害，妳真不愧是食育顧問。」

「考日本食育顧問執照時不會出這題，因為是台灣中藥的知識。」我平靜謙虛地回答。

「說的也是捏，呵呵呵。」

「漢方中藥，其實台灣人從小耳濡目染，對於中藥食材都有許多食育常識，像是喝薑母茶會保暖、仙草會退火、吃完螃蟹不能吃柿子。其實，每個台灣人多多少少都懂一些食育知識呢。」我有點小自慢的說。

五行湯

我喜歡在家煮「五行湯」。日本人根據陰陽五行所發明的五行湯，用胡蘿蔔、白蘿蔔、白蘿蔔葉、牛蒡、香菇熬煮。雖然不確定是否真的有抗癌功效，但是很好喝。食材有五種顏色，紅白綠黃黑，看起來很漂亮，家中兩位小兄弟也很喜歡。暫不論是否能治病，這幾個「根類植物」，都是很有營養的。對植物來說，根部是儲存所有養分、供給生長的部位，可謂聚集日月精華。

《黃帝內經》記載，五色五行剛好對應人的五臟五脾，想要延年益壽，要多食五色五香五味的食物，才能五行合一，在人體裡起生物化學作用。

我常看日本《生活智慧王》、《省錢大作戰》之類的節目，其實白蘿蔔的綠葉子很有營養，不需要整個切掉丟進垃圾桶，可以煮魚或熬湯。白蘿蔔削下來的皮，可以用酒、醬油、糖醃漬，微波一下變身為副菜，適合當下酒菜。

喝湯有「一網打盡」的超高效率，把所有的營養素都熬進湯裡，又快又美味。平常孩子們很難吃下很多紅蘿蔔，可以藉由熬湯乖乖喝完。順口咕嚕咕嚕，喝飽了，自然比較不會想喝甜的果汁或汽水。

我最愛在日本燉台式香菇雞湯。

兩兄弟最喜歡喝有很多亞鉛的蛤仔湯。

什麼時候喝湯？

和食的用餐順序是，先喝口味噌湯、吃口白飯，才開始吃主菜。西餐是前菜完後就會上湯，但是中餐的湯似乎都是最後來。吃桌菜或是喜宴快結束時，會上一甕烏骨雞湯，這時若服務人員沒有協助分好，大家會因為很飽就懶得盛，或是不吃肉只喝個湯，也很滋補。

有一次，在日本和一位很帥的朋友去吃一家日式燒肉店。原本是職人會去的老店，但不知為什麼，最近肉質不太好。朋友問我還想要吃什麼，我不想再點肉，於是說那來碗蛋花湯好了。他有點不可置信：「現在點湯嗎？」我看他的反應，識相地打消念頭。原想解釋，台灣的習慣是最後喝湯，不行嗎？

我把這個故事告訴兩個孩子，因為食育很重要的一環，就是認識各國不同的習慣，尊重別人，有寬廣的世界觀才是真正的帥。

5 日本米飯的故事

名牌米

我很多朋友都會說，日本米飯好好吃，而且名字都很好聽。的確，新潟的コシヒカリ（越光米）真的讓之前不太吃白飯的家人，吃光滿滿一碗。最近，北海道也成功培育出「ななつぼし」（七星）、「ゆめぴりか」（美麗的夢）這兩種香Q的米飯。

有一次參加北海道農業試驗所的簡報，聽研究人員敘述品種改良的過程。「ぴりか」是原住民愛奴話「美麗」的意思。以北海道的緯度來說，原本並不是稻作盛產區，但經過長年的實驗，終於培育出北海道的在地好米，「美麗的夢」連續八年獲得最高特A級米。

分量的精準度

有天早上，把拔煮早餐，我覺得白飯真好吃，於是誇獎了日本的稻米業。但是他說，這是水的分量的緣故。通常男生不常下廚，所以煮飯時一定會遵照刻度量，講求精準到位。差不多小姐則比較隨性，因此每天的白飯會反映出當天的心情。

午餐時，我跟隔壁的男老師聊到煮飯的精準度，他微笑點點頭，拿出幾個おにぎり（飯糰），請我嘗一口。果真，只有白飯撒鹽而已，為什麼這麼美味呢？莫非刻度精準到出神入化的境界了？

他大笑說，這又不是漫畫的情節，說穿了，只要有個好電鍋，就能享受好吃的白飯。難怪有

玄米3白米1的比例。

那麼多人來日本觀光時，再重也要買個炊飯鍋回去呀。

我回台灣媽媽家，用日本的炊飯鍋，洗好台灣的米，精準加水，再三確認後，加幾滴沙拉油。一切規規矩矩不含糊，果真煮出粒粒通透、香Q不爛的飯，單吃白飯也很過癮。講究的鍋子是關鍵，台灣的米煮出來一樣好吃。

應 米飯的應用題

玄米飯

最近流行吃玄米（台灣稱作糙米）比較健康，有豐富的食物纖維、維他命B_1、E、葉酸和脂肪酸。近年來還有發芽玄米，比白米的升糖指數低，因此被開發為保健食品。米原來最重要的

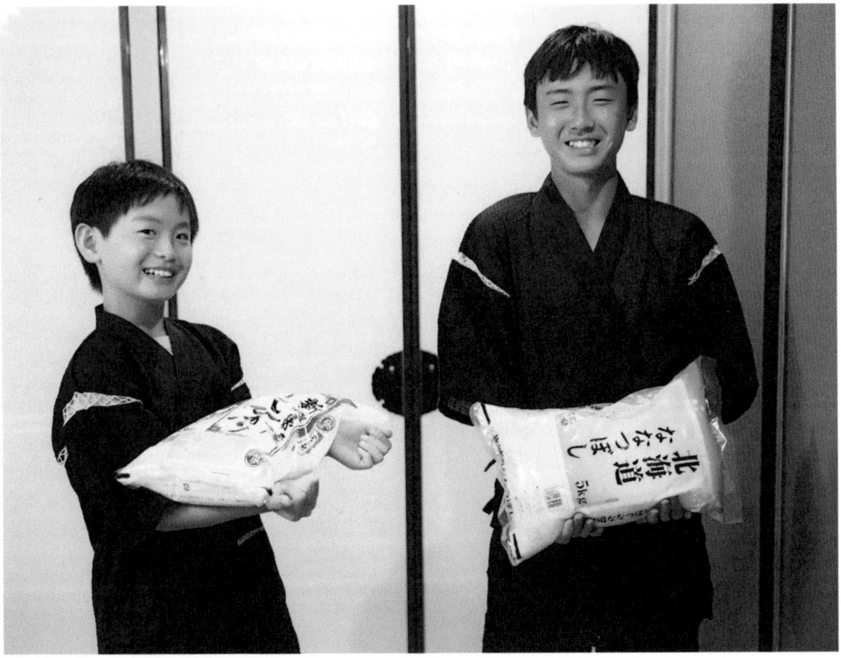

兩位小兄弟長大可以搬米了。北海道七星米VS新潟越光米。

養分在於胚芽，於是我媽媽煮全糙米，對我來說實在是難度太高，吃不完一碗。

回日本之後，我改良一下，通常用三比一，三杯白米加一杯糙米，似有若無地讓糙米藏在白米飯之間。其實胚芽米是折衷的好選擇，去掉難消化和澀味的種皮，但仍保留高營養價值的胚芽。不過，農藥容易殘留在胚芽裡，選擇無農藥栽種的比較安心。

第一次讓胚芽米登場的時刻是關鍵，兩位小兄弟若看了不想吃的話，我就沒轍了。當天我選擇煮咖哩，不用一般飯碗而用西式的大盤子，還特地找時尚café的照片模仿擺盤，趕在兩兄弟要抱怨為什麼有黑點點之前，先下手為強。

「你看，這飯的顏色很好看吧！因為很珍貴，所以只有一點點。」

物以稀為貴！趕緊輔以漂亮的雜誌照片為證，為胚芽米飯建立都會時尚的品牌形象。

果真，洗腦是有用的，弟弟竟還挑出一顆顆胚芽米，我以為他要拿掉不吃，結果他說這些米粒特別香。於是，我們家順利成了玄米飯一族。

豆知識 新米

對古代人來說，稻米的收成是重要且神聖的。

有一次，我到「伊勢神宮」，導覽的阿伯說，這裡是日本神社的總社，地位是最崇高的。剛好時值秋天舉辦「新嘗祭」，感謝天神賜予五穀豐收。新嘗（にいなめ）指的是「新米」，剛收成的稻米。

我常去的炸豬排店，手寫的小黑板菜單上也會特別標榜是新米。起先我並不覺得有什麼了不起，但是看到店員喜孜孜的表情，好像是很令人期待。新米本身含水量高，煮出來的飯柔軟有光澤，黏度比較高一點。但是對我來說，最具吸引力的還是「新鮮」這一點。

不過，聽過一些日本料亭的師傅說，二月的熟成米才是最好吃的。「新米」在日語中還有一種含義，指剛出道的新人，像是青澀的新米警察、新米料理人、新米媽媽等。為什麼會拿新米來形容呢？倒是有點耐人尋味。

「大嘗祭」

今年（二〇一九）日本最重大的事是年號改為「令和」，新的天皇上任。最重要的兩場典禮，一場是招待各國代表的即位典禮，另一場則是充滿神道色彩、一個朝代只舉行一次的「大嘗祭」（だいじょうさい），祈求五穀豐收、風調雨順。天皇身穿純白色的祭服，一個人在皇宮裡面供奉天照大神和祖先諸神。祭祀用的是米、白酒、黑酒、鮑魚等從各地進獻的物產。天皇唸完祈禱文之後，和諸神一起享用。

我看電視節目專題報導時，覺得「大嘗祭」與這個時代有些格格不入。祈求風調雨順、五穀豐收，聽起來似乎很陳舊。

但從原點思考起，人類生存最必要的條件，就是風調雨順讓五穀豐收，若是沒有吃的，其餘都不必談了。自古即是農業社會的日本，對於每年秋天舉行的「新嘗祭」，和一個朝代一次的「大嘗祭」，賦予了深遠的意義。

十六穀飯

日本超市有在賣「十六穀米飯」，包含十六種有益身體的米、豆類、穀類，包括紫米、芝麻等，直接加入白飯一起煮就可以，水的分量不需調整，很方便又健康。

同樣地，賣相若不先洗腦一下，可能會不適應。這次我請他們猜一猜、找一找，碗裡有多少種穀物，看看能不能蒐集到全十六種。兩位小兄弟興趣高昂地注視自己碗內的一粒粒米飯，關心起碗裡的世界。

日本千年以來的Soul Food，我大概做了超過一千個。

6 おにぎり（御飯糰）

Soul Food

說到日本的Soul Food，我想非「おにぎり」御飯糰莫屬。我們家兩位小兄弟，從小就是吃おにぎり長大的。他們小時候去公園玩，玩累了就坐在草地上或是板凳上，吃おにぎり和麥茶當午餐。幼稚園遠足時，便當裡的主角常常是おにぎり；現在在棒球隊，中午規定帶個おにぎり。我家有次買麥當勞兒童餐，結果被道德勸說，因為其他小朋友會太羨慕，於是日後規規矩矩地帶飯糰。有時家計緊縮，我會做個梅香飯糰，讓把拔當午餐。家計再更緊縮一點，就會變成鹽飯糰。

梅香飯糰和鹽飯糰聽起來很窮酸，但其實很受歡迎。我特別喜歡買紀州產的南高梅，選擇六％鹽分或更少的，加天然蜂蜜或紫蘇的比較可口。

我煮白米飯常用預約功能，設定隔天早上五點煮好，與準備早餐的時間

日本梅產量第一的和歌山縣，以一流的「南高梅」著稱。

六點相距一個小時，飯吃起來最美味。剛煮好的白飯會太軟，放個一小時剛剛好，這時的飯粒最晶瑩剔透。

梅子是鹼性食物，許多日本太太會在五月時，自己用紫蘇釀梅子或梅酒。我曾在十年前釀過兩大罐梅酒，現在還藏在書櫃後面。倒不是捨不得喝，只是覺得需要一點勇氣，畢竟是我的新手私釀酒。

我記得小時候在台灣的家，祖母和媽媽釀了一大甕一大甕的梅子，熟成後放在透明的玻璃罐裡，我每次都可以吃上好幾顆。夏天時，可以泡杯清涼的梅子汁來喝。

但日本梅子就沒辦法一次吃很多顆，因為很「死鹹」。我曾把讓我讚不絕口的台灣梅子拿給日本朋友吃，得到的回應是：「嗯，怪怪的耶」。想必這就是所謂的文化隔閡吧。

塩おにぎり

弟弟最愛「塩おにぎり」（鹽飯糰），跟我小時候一樣。記得當年，祖母常把剛煮好的白飯撒上鹽巴，捏成一個圓圓的小飯糰給我吃，到現在都還記憶鮮明。三十多年後，有次在朋友家，剛好下大雨沒有辦法出去吃飯，於是他就煮一鍋白米飯，捏了個飯糰，撒上一點鹽。我咬了一口，喚醒了遙遠的童年記憶，那鹽飯糰竟是如此美味，深深地刻印在腦海裡。

後來，某天傍晚心血來潮，想讓兩個孩子體驗屬於我的鹽飯糰美好回憶。我做了兩個小小的三角形鹽飯糰，沒想到竟然佳評如潮。簡單而美好的滋味，也許是DNA的影響吧！

棒球隊的夏天BBQ大會，媽媽們準備了五十個飯糰，大多是包鮭魚。我站在飯糰分發處時，看到比桌子還矮的小隊員，在飯糰大盤子前用眼睛骨碌碌地找來找去，說想找沒有粉紅色的飯糰，意思是沒有包鮭魚的，原來他想吃鹽飯糰。我想到因為鮭魚不夠而做了幾個鹽

豆知識 日式手工飯糰的做法

1.將雙手沾溼。

2.在手心鋪上一半的白飯，放上鮭魚鬆。

3.再蓋上一半的白飯，捏成三角形。

若是覺得手不衛生，可以鋪一層保鮮膜。可是我自己總覺得用手捏的「純手工」飯糰比較好吃，力道好拿捏，鬆緊度剛剛好，不會有被擠扁的的可憐飯粒。

基本上，一個飯糰就是配一種料，我們家喜歡的還有：明太子、高菜、おかか（柴魚鬆）、こんぶ（鹹海帶）。最近市面上有賣許多可愛的鋁箔紙，我常捏成圓形包成一顆大足球或是棒球；或是用藍色星星圖案和粉紅色KiKi RaRa（雙星仙子）圖樣，區分成給我自己的辛子明太子和給小朋友的不辣口味。

飯糰，便找了一個給他。其他隊友紛紛聞風而來，頻頻問還有沒有鹽飯糰，但其中兩名被自己的媽媽以吃「包鮭魚才有營養」之名給趕走。

我這才發現，不只是我，原來鹽飯糰是很受歡迎的。不過，媽媽們的心情也不是不能理解。記得孩子的爸，有次在7-11買了個一百二十日圓的鹽飯糰，被我白了一眼。我的邏輯是，有包鮭魚的一百五十日圓，兩者差約八塊錢新台幣，阿呆都知道要買有包鮭魚的才划算。

我想起了當年天真的自己，祖母熱騰騰的小圓飯糰，下雨天幸福的雙人鹽飯糰。但是當了主婦、媽媽之後，卻不能繼續天真浪漫，被現實的理由侵蝕殆盡。

話說回來，為什麼大家都喜歡鹽飯糰呢？

7 炊き込みごはん（什錦炊飯）

最近流行一個詞彙，叫「時短」料理，短短的時間就可以完成的簡單食譜。其實就是「手抜き」好聽的說法，意指「小小偷懶一下」。不過，在我看來，有煮飯就很了不起了，可以光明正大的「時短」。

炊飯應用變化題：栗子、鴻喜菇、櫻花蝦、鮭魚、鯛魚連番上陣

我最拿手又受歡迎的「時短」，是「炊き込みごはん」（什錦炊飯），在日語中泛指白米飯跟其他食材炊煮的什錦飯，台灣料理最類似的，大概就是芋頭飯吧。

日本最有名的是秋天的栗子飯，鬆軟香甜金黃色的栗子埋

櫻花蝦炊飯，鈣質的生力軍。

在白米飯間，看了令人食慾大增。高級食材「松茸」，香氣十足，常會放入和白飯一起煮。漫畫《哆啦A夢》中，家裡很有錢的小夫最常自誇吃松茸菇飯，大雄家等庶民只能吃鴻喜菇飯。

我們家吃的當然是鴻喜菇飯，作法很簡單，超「時短」，只要把洗好的鴻喜菇放入飯鍋，加上おつゆ（日式醬油）和白米一起煮就可以了。最近我會放櫻花蝦，換成用「白だし」，感覺滿「上品」的，很有氣質。煮好盛到飯碗，撒上芝麻和海苔絲，大人可以再加一點七味粉。

七味粉在我的日本生活中扮演著舉足輕重的角色。味噌拉麵、牛丼、おでん（關東煮）等，都一定要撒七味粉。

什錦飯除了菇菇飯、栗子飯，食材可以多樣變化。像是牛蒡、毛豆、竹筍、雞肉、地瓜、銀杏、油豆皮、胡蘿蔔等等都很美味。隨性挑兩、三種，加入日式醬油，按下煮飯按鈕就行了。

喜慶滿月

雖說「什錦炊飯」歸在我的應急家常「時短」料理，但日本有喜慶時，也會吃「什錦炊飯」，重點是上面多放一條鯛魚。鯛魚是好兆頭、高貴的象徵。

台灣人滿月會送油飯加兩顆紅蛋。日本雖沒有紅蛋，但會討個吉利吃「赤飯」——紅色喜氣的紅豆糯米飯。升官、生孩子、祝壽，都會送「赤飯」。

這個習俗源自江戶時期，盛行的原因是小紅豆含有維生素B_1，有助於預防當時俗稱的「江戶病」，也就是現在所說的腳氣病。

小紅豆日語叫做「小豆」（あずき），有豐富的蛋白質、脂質、鈣質、維生素B_1。「大納言」（だいなごん）是日本紅豆中最高的等級，顆粒較大，煮時不容易破皮。鼎鼎有名的宇治金時冰，指的是宇治茶和金時紅豆，營養價值高。

「わかめご飯」

我其實還有一個超「時短」的祕密武器，那就是「わかめご飯」（海帶芽飯）。第一次吃是在日本學校任教時的營養午餐。當天，小朋友們都高興得不得了。後來我在家自己做，把生的溼海帶芽切成小小的，拌入熱騰騰的飯中，再灑上一點黑芝麻。我家三位男士可以吃光光三杯米煮成的海帶芽飯，不用配其他菜。附上一碗馬鈴薯條小魚乾味噌湯，四個人一頓飯的菜錢，不用一百元新台幣，簡單又飽足。

醋飯

醋飯是壽司的基本，許多小徒弟去壽司店，頭先第一年就只能在旁邊煮醋飯。要真正捏壽司給客人吃，得要好幾年的工夫。當壽司職人難，做好醋飯也不是件簡單的事。

用七味粉來代替沒有辣椒醬的寂寞。

在家裡讓孩子做海鮮丼壽司，選自己喜歡的魚。

鰻魚飯

日本配合時令，訂了一天吃鰻魚飯日，叫做「土用の丑の日」，二〇一八年是七月二十日。超市或百貨公司都會辦活動，讓民眾提前預約。

為什麼會有這個節日呢？夏天熱，胃口不好，很容易中暑，於是吃鰻魚飯來滋養身體。鰻魚營養價值高，讓身體不耗弱。我曾有一絲絲懷疑，這個節日是不是要促銷鰻魚呢？

仔細一查，才發現這個習慣記載在七、八世紀的《萬葉集》俳句詩篇之中。將日子固定在節氣「土用の丑の日」，則是源於江戶時代一七〇〇年左右。

順道一提，鰻魚飯上撒的不是我天天用的七味粉，而是山椒粉。山椒很類似不辣的四川花椒，長得像胡椒一樣，小小顆的很提味，鰻魚飯若是少了它，味道會很單一。

這幾年，日本產的鰻魚飯價格昂貴，大概都要兩千日圓以上。雖然是吃鰻魚飯日，但是對市井小民的我來說，還是很難點得下手。講起來就好像是端午節沒錢買粽子吃那樣無奈。

不過，最近大型超市推出「偽鰻魚飯」，並不是捏造產地，而是用秋刀魚或鮭魚肚代替，肥美的滋味加上蒲燒的調味，說實在的，口感的確有些類似。

吃鰻魚飯一定要配的清湯「肝吸い」。

不過，對於家庭主婦的我來說，並沒有講究太多。我用調好的壽司醋，煮好熱騰騰的飯，淋上壽司醋，用飯匙拌勻，就可以拿來包海苔捲、做手捲或海鮮丼。

最近，哥哥放學回家後去練棒球，到快九點才再回家，所以課後點心我盡量準備可以吃得飽的。但是下午四點多到家還不太餓，鮪魚丼或海鮮丼就是絕佳選擇。

「時短」料理的海鮮丼：醋飯上鋪幾塊新鮮的生魚片，吃之前淋上醬油。我有時會摘院子裡種的紫蘇，很香又很漂亮，但通常都被哥哥不在乎地撥到旁邊，最後吃空的碗底黏著一片寂寞的紫蘇葉。

地瓜飯的共同回憶

我之前曾試著煮過地瓜飯，風評卻不太好，連吃飯不挑食的日本婆婆都沒有動筷子。我很納悶，選用的可是頗具人氣的鹿兒島縣種子島的高級特產「安納芋」呢。以前在台灣，哥哥常會去超商買烤地瓜吃，為什麼到了日本卻把地瓜挑出來？

哥哥的理由是，他不喜歡混在一起吃；我婆婆的理由是，「戰爭時吃太多了，有點怕」。這句話的中文版，我曾聽祖母說過，當時吃的是克難的地瓜籤飯，地瓜比白米還多。吃怕了。兩個國家曾經處在不同立場的阿嬤，怕的同樣是地瓜飯喚起的生離死別回憶。

米和不一樣的食材炊煮，會有不同的風味，喚起不同的喜怒哀樂。高級奢華的松茸飯、平凡幸福的菇菇飯、喜上眉梢的鯛魚飯、還有沉痛戰爭回憶的地瓜飯。

豆知識 七味粉

日本很少有紅色的生辣椒，當然更沒有我家鄉台中的東泉辣椒醬。日本的紅生辣椒是觀賞用，短短胖胖的。喜歡吃辣的我，只能用外國貨，像是Tabasco、韓國的辣豆瓣醬、中華辣油來替代。

在日本，辣的調味料就只有七味粉。七味粉，顧名思義有七種香料，一味粉就只有辣粉而已。一七三六年創業的長野縣善光寺的七味粉很有名，七種香料包含辣椒、山椒、生薑、麻種、胡麻、陳皮和紫蘇。

在台灣，一般對吃辣的印象不太好，但是在日本並不會全面否定。仔細想想，七味粉的素材其實對身體不錯，漢方中藥裡也會使用。用七味粉調味，不就是像把中藥材磨成粉吃下去嗎？

8 おかゆ、雑炊、お茶漬け

台灣傳統早餐，非白粥莫屬。尤其是天冷的清晨，熱呼呼的粥，配上麵筋、脆瓜、辣玉筍、豆腐乳、魚鬆，全身暖暖的。在日本是享用不到這番懷念的味道。這類加工食品雖然對身體沒有太大益處，但都會被小心翼翼包上好幾層泡泡棉，靜靜地躺在行李箱，和我一起飛到日本。

愛情粥

記得當年在日本廣告公司上班時，同事問我早餐吃什麼？我回答「お粥」時，他們臉上露出了擔心的表情，問我是不是身體不舒服、感冒發燒了。原來，日本人多數會吃粥，都是在生病的時候。

日劇最喜歡的橋段，就是心儀的酷酷男主角突然發燒，溫柔的女主角去煮粥，並且幫他在脖子圍上蔥。隔天睡醒，額頭上貼著「お熱様シート」（退熱貼）的男主角吃了粥，感動不已，從此兩人關係大躍進。

這麼厲害的粥，讓我們來研究一下要怎麼煮。當然不是我們印象中的清粥小菜，或是港式皮蛋瘦肉粥之類的。一言以蔽之，就是白粥加上「ほんだし」（日本味之素公司出產的調味料，台灣譯成「烹大師」），打個蛋花、撒上蔥花就好了。

加「ほんだし」是屬於素人的做法，因為場景設定在男生家，不會備有昆布和柴魚片可以熬高湯。不然，日本高湯要規規矩矩地做，盡量少用現成的調味料。

粥雖說通常是生病時才吃，但日本人在吃火鍋的最後，會把料撈起來，用火鍋清湯來煮飯，很像粥，稱為「雑炊」。方法很簡單，放入白飯，打個蛋花、撒上蔥花就好了。

這是日本料理中所謂的「〆しめ」，意思是最後一道料理，劃上完美的句點。料亭是白飯加上「お新香」（漬物）；吃火鍋是「雑炊」；居酒屋通常是「お茶漬け」（茶泡飯）或「焼きおにぎり」（烤飯糰）。

我的明太子＋吻仔魚＋很多蔥的茶泡飯。

茶泡飯

在居酒屋用餐，我通常會在最後點茶泡飯，有種在台灣最後喝個熱湯的感覺。據說以前在京都，若主人端出茶泡飯給客人，意思就是「你差不多該回去了」，有種趕客的意思。真不愧是京都人，檯面上不說，用暗示的，請客人三兩下扒光就走人吧。

記得有次和日本男生吃飯，點菜時竟然連茶泡飯都先點好。我聽了心想，這男的急什麼勁呀？禁不住小抗議說：「不知道吃不吃得下，茶泡飯等一下再看看。」最後快吃完時，我加點了梅子茶泡飯、栗子蛋糕和冰淇淋。

順序對我來說，是件重要的事，我不想一邊吃烤雞翅或是炸蓮藕片時，還要頻頻望著茶泡飯是不是漸漸冷掉、飯是不是會被泡爛。

茶泡飯常見的種類有梅子、明太子、鮭魚。我記得小時候有一種即食的「紫菜湯」，有點胡椒辣辣的，我常會加飯進去一起吃，口感就很像日本的茶泡飯。

冬天的早餐，我常讓小朋友拿茶泡飯當早餐吃。接近零度的早上，吃得暖呼呼的，小朋友很喜歡，不知不覺吃了很多飯。兩兄弟的茶泡飯有時會加上鮭魚鬆、海苔、鵪子蛋。我等他們要吃之前才加入熱水，飯不會泡爛，比較美味。

基本上，日本人用筷子吃茶泡飯，早期剛到日本時，在居酒屋要湯匙時，還被某人說了兩句。用湯匙吃茶泡飯，好像是有點幼稚的行為。

禁忌的味噌湯飯

日本人雖然喜歡吃茶泡飯，味噌泡飯卻是不被允許的。很多人一定在小時候吃學校營養午餐時，被老師催太慢或是想趕緊到操場玩，最後會把飯倒進有許多柴魚片的甜甜味噌湯裡，一下子就吃完了。但是，若在日本約會時這樣吃，大概就直接被三振出局了，會被認為沒氣質或沒禮貌。

日文中的「味噌ご飯」，是指把「味噌肉燥」放在白飯上，很下飯而受歡迎，並不是把飯倒進味噌湯裡。肉味噌有各種不同口味，辣的或是柚香的，定位有點類似台灣的肉鬆或是魚鬆。

有一次去滑雪，早餐時我無意間聊到，為什麼日本人不能把飯倒進去味噌湯裡呢？當場接收到驚訝的眼光，一位好心的同事跟我解釋，因為這麼做沒有禮貌吧。

我心中還是小小聲地說，可是滿好吃的耶，火鍋吃到最後也會放飯進去煮做成雜炊呀，那還不是一樣。也許，這就是文化的差異。

我朋友說，把白飯倒進味噌湯裡，就好像「貓咪飯」（ねこまんま），是古時人們餵貓咪的食物。飯和湯雜攪在一起，吃相並不好看。另一個理由是，日本的料理都是單品，一樣一樣出的，夾一塊肉，在口中咀嚼品嘗完後，再吃一口白飯，這樣才能享受到原食材的口感和味道。

日本人食用的頻率從少到多，依序是「粥——雜炊——茶泡飯」。我發現，這正好是米飯從軟到硬的順序。茶泡飯因為只是熱茶加白米飯，所以仍是一粒一粒的飯；雜炊因為有加蛋花要悶一下，所以比較軟；生病時的粥要加上愛心慢慢熬，所以最糊。

我突然覺得，生長在日本的白米飯好受尊重、好有尊嚴。品嘗的時候要一粒一粒，講求原味，不能攪混、不能糊。

9 會呼吸的湯

在日本，賢慧有教養的良家婦女，除了會殺魚、「三枚卸」外，煮湯時還要親自熬湯底，用柴魚片、小魚乾（煮干し）或昆布。台灣流行的烹大師，婆婆來時要藏起來，味精更不用說，最好不用，不然一定要藏得好好的。

我熬高湯的祕訣，是前一天晚上在空寶特瓶中加入白開水，放進五、六隻小魚乾之後冰冰箱，隔天早上直接倒出來煮味噌湯。中文裡，高湯習慣用「熬」這個動詞，但在日本，具體來說是泡一泡、煮一煮，雖然聽起來比較粗俗，可是直覺上簡單許多。

柴魚湯底是把一大包柴魚片用水滾一分鐘，關火後瀝乾淨成沒有渣渣、純淨透明的湯。自己煮湯底，最大的差別是在「香味」，感覺上是會呼吸的湯，用人工調味料雖然很方便，但是味道比較不輕盈。

應

湯底的應用題

我家的基本湯底有四種，昆布、小魚乾、柴魚、乾香菇。可以單用，也可以擇二選用，自由搭配有相乘效果。我最常煮的是昆布加小魚乾，煮過的昆布切一切，很像台灣的滷海帶。

吃素的人還有一種選擇，就是用大豆煮高湯。「豆香茄子味噌湯」聽起來就很美味，加上薑片和幾滴麻油，可以補身體。只不過用大豆熬高湯需要花整晚的時間泡豆子，較費工夫。

吉祥的昆布

昆布在日語叫做「こんぶ」（KonBu），發音和歡喜的「喜ぶ」（YoroKonBu）相似，所以常出現在各種喜氣的場合。像過年時吃的「御節料理」，其中一定會有昆布卷，裡面包醃過醬油的甜甜的魚。我常覺得昆布卷單吃有點鹹，不過倒是很下飯，一小卷就可以吃掉一碗熱呼呼的白飯。只是日本人似乎較少這麼吃，很鹹的東西都會拿來當下酒菜（おつまみ）。

豆知識

昆布的食育教室

日本昆布協會舉辦昆布食育教室時，安排了有趣的機智問答：「昆布有多長？」這真有意思。我幾乎天天用昆布，倒是沒想過來自海洋的昆布，到底有多長呢？

一生約有兩年壽命的昆布，大約有兩公尺長，最長的可達六十公尺——那不就是幾乎二十層樓那麼高？

接下來讓小朋友喝不同的味噌湯，比較一下：

甲、味噌加白湯
乙、味噌加昆布高湯
丙、味噌加昆布柴魚高湯

大家都說，味噌加白湯一點都不好喝，因為少了昆布的美味成分「旨味」，舌頭和大腦都說沒味道。

日本池田菊苗博士發現，人的味覺除了酸、甜、苦、鹹四種之外，還有一種「旨味」，是讓人會覺得「美味」的味道。據說，當初他很好奇湯豆腐為什麼會好吃，進而著手研究發現的。

這也解釋了家中兩位小兄弟，不論是在櫻花綻放的京都嵐山、或只是我家的簡陋餐桌，不論刻意用美美的法式起司鍋燒蠟燭、或是直接用瓦斯爐煮好端上桌，小朋友們都愛吃的不得了。

原來是「旨味」這個背後大功臣指揮的呀，所以哥哥才會喜歡單喝高湯。只要大功臣跟大腦說好吃、超美味，小朋友就會吃很多，不用費太多心，絞盡腦汁煮到年華老去，變成黃臉婆。昆布真是媽媽們的得力助手。

昆布的種類

我公婆家在北海道，過年過節常從日本寄昆布給我媽媽。我常被問：比較有嚼勁、不會爛爛的是哪一種？

常聽朋友說，雖然知道昆布好，但到了日本，搞不清楚到底要買哪一種才比較合自己口味。我被問久了，漸漸有了心得。

日本昆布主要產地在北海道，市面上常見的種類有：

羅臼昆布：濃厚香醇，適合熬湯底。
利尻昆布：清透高級，適合湯豆腐。
日高昆布：快煮易熟，適合煮關東煮。

簡單說明，在台灣若想燉排骨湯，用羅臼昆布；平常煮湯用利尻昆布；沒什麼時間時，用日高昆布最方便。

根據日本昆布協會的研究，昆布有很高的營養和美容價值。含有豐富的水溶性食物纖維，能抑制糖分和脂肪的吸收，防止膽固醇上升、提高免疫力。豐富的礦物質也很吸引我。還有可以恢復疲勞的維生素B_1和具有美肌效果的維生素B_2，大人小孩都很需要。

（資料來源：https://kombu.or.jp/school/about/index.html）

和食的精神：だし

「だし」是日本和食的精神所在，雖然只算湯底，但是我家哥哥很喜歡單喝，常要喝三碗以上。在東京羽田機場有幾家店，賣的是純だし，沒有任何料，一種簡單的美好。

哥哥也很愛「湯豆腐」。嚴格講，就只是用昆布湯白煮豆腐，對台灣人來說有點寒酸，但是美食老饕都特別熱愛。昆布可以選擇利尻昆布「りしり」，煮出來的湯很清透。

我用瑞士小起士鍋Fondue，下面點蠟燭，讓兩兄弟自己撈塊豆腐淋上醬油，還可以撒點蔥花或柴魚片。後來因為他們太喜歡吃，所以不用太講究，直接在廚房用普通鍋子煮好上桌，照樣吃光光。

春天到京都嵐山賞櫻時，哥哥沒有點咖哩豬排飯，而是點湯豆腐套餐，讓穿和服的女將頻頻點頭稱是，這位少年郎真懂得美食呢。我有點心虛又謙虛地說：哪裡哪裡。說實在的，沒有特別喜歡吃豆腐的我，很難懂得其中的況味。

吉祥的昆布魚卷。

兩兄弟很愛在家裡吃湯豆腐，堅持用蠟燭加熱。

我家的標準湯底：昆布、柴魚、小魚乾。

神奇日光浴：干物

歐美人士很喜歡日光浴，但我並沒有太喜歡曬太陽，怕會長雀斑。不過，我喜歡把東西拿去曬太陽，棉被、包包、鞋子不用說，就連吃的東西也是。曬玫瑰花瓣泡澡、月桂冠葉燉肉提味、橄欖葉泡茶，最近還開始曬高麗菜乾，滿足一下我思念的台灣味。日本有賣曬蘿蔔乾，雖然口感和台灣不同，但是幾乎沒有賣高麗菜乾。

自古以來，很多民族都會把食材拿去曬太陽，吸收精華，製成乾物。古早時是為了長期保存，現代被證實會更加有營養。典型的例子是乾香菇，內含的麥角固醇會轉變成維生素D_2，幫助鈣質吸收，比生鮮菇多一層營養。

台灣很常用乾香菇，幾乎比生香菇還頻繁，炒米粉或是包肉粽不可少。唯一的缺點是泡軟需要花一些時間，這時可以加點糖，比較快軟。

日本會把柿子或地瓜曬乾，吃起來很Q，是受歡迎的甜點。曬過太陽後，會比原先更甜。台灣曾流行地瓜排毒餐，若加上地瓜乾，應該可以貢獻一些攝取量。

我很喜歡吃曬過的魚，魚肉甜美，不會乾澀。著名的有北海道ホッケ（䱇），吃的時候可以加淋上醬油的白蘿蔔泥。

古時候的人為了保存食物，借太陽的力量，卻無意間發現美味和營養。大自然真的很神奇，孕育作物的同時，改變了存在的樣子，昇華成另一種風情。

10 蕎麥麵、日式炒麵、中華涼麵

そば（蕎麥麵）

我們家弟弟是標準的「麵肚」，喜歡吃各式麵類，其中最愛的是「そば」。因為有過敏的顧慮，大部分醫生建議，三歲以後才適合食用。

弟弟三歲那年，第一次吃就愛上了。他吃的時候非常認真，夾一口麵、沾醬，很有節奏感地，一口氣吃光大人的分量。麵吃完之後，叫我倒店員剛拿來的蕎麥湯到沾醬裡，慢慢地喝光光。連蕎麥湯都喝光，那表示他真的很喜歡吃蕎麥麵，很對他的胃。

蕎麥湯

我曾經覺得很好笑，為什麼要喝蕎麥湯？說穿了，那就是煮過麵的熱水呀。後來才知道，蕎麥湯的營養價值高，喝了有益健康。

不知道是不是日本人喝煮過蕎麥麵的水喝習慣了，在日本點「水餃」時，端上來的水餃碗裡真的有「水」，就是煮過水餃的熱湯。那幾乎沒什麼味道，並不是台灣酸辣湯餃或是牛肉湯餃的概念。水餃比較少出現，大多數拉麵店裡的「餃子」（ぎょうざ），指的是台灣人說的鍋貼，是「焼き餃子」的略稱。日本人真節儉惜福，煮過麵和水餃的熱水都要喝下肚。

蕎麥麵通常吃冷的，沾冷的醬汁。偶爾會吃熱的，類似一般的湯麵。山形縣有一種特殊的中間吃法，冷蕎麥麵沾熱鍋的湯，裡面有許多山菜和菇類，很像「つけ麵」（沾麵）。

一般沾麵是指麵和湯分開成兩碗，吃的時候把麵條沾熱湯吃。麵分開放比較不容易糊掉，湯頭也比較濃郁。在台灣，似乎少見這樣的吃法，拜近年來日本麵店引進的緣故，也開始有人喜歡日式的沾麵。

蕎麥常給人一種很純樸又有氣質的印象，我最喜歡的是「十割そば」，口感比較滑順，細細的沒有粗粗的感覺。家附近有個用古民家改成的手工蕎麥麵店，有一座很

山形縣的特色鄉土料理：蕎麥沾麵。

大的水車，可以看到職人做「蕎麥麵」的過程。

記得有一次，去山腰上的高級蕎麥專門店，蕎麥麵團直接捏成一小塊，沾わさび（山葵）和醬油吃，有點像吃麵疙瘩。我的道行還沒有那麼高，還是更喜歡老老實實地吃蕎麥麵條。

除了製成麵以外，蕎麥還有各種用途。蕎麥茶是我最愛的日本茶，非常香。因為沒有咖啡因，所以我常在晚上或睡覺前喝。

我有一個小枕頭，裡面裝的是曬過的蕎麥殼，夏天睡起來很清爽，就像以前台灣會睡綠豆枕頭一樣，返璞歸真。

焼きそば（日式炒麵）

日本有種麵很好吃，叫做「焼きそば」。平常沒有專門餐廳在賣，只有夏日祭典「お祭り」時攤販在賣，炒麵味道很香，常不知不覺被吸引過去。

不過，日式炒麵在超市很容易買得到，常出現在遠足便當或是烤肉時，很受孩子們的青睞，又不用太多其他配菜。

雖然叫「焼きそば」，但用的並不是蕎麥麵（そば），而是中華黃麵，很類似台灣早餐店的炒麵。拌的「ソース」（醬料）跟「たこ焼き」（章魚燒）或是「お好み焼き」（大阪燒）上面淋的醬一樣，很好吃。

日式炒麵麵包

理論上不喜歡把東西混在一起吃的日本人，卻發明了「焼きそばパン」（日式炒麵麵包）——原本夾熱狗的麵包，裡面改夾日式炒麵。以前日本人學校園遊會義賣，發動媽媽做了快三百個炒麵麵包。

麵包夾炒麵的概念，似乎就像法國麵包夾義大利麵？Pita餅夾咖哩飯？割包夾炒米粉？

我當然不敢在日本媽媽之間大聲開這個玩笑，因為炒麵麵包屬於日本飲食文化，我得學會去尊重。當然，我也不容許她們嘲笑臭豆腐。

日式涼麵

和風涼麵：蕎麥麵、素麵、烏龍麵

日式涼麵的麵條有很多種，像是蕎麥麵（そば）、素麵（そうめん）、烏龍麵（うどん）等。

我最喜歡「素麵」。類似台灣的白麵線，加上雞蛋麵條的滑溜口感。

「流しそうめん」

弟弟的生日在初夏，有一年，他想要的生日禮物是「流水素麵機」，裝上電池水就會流動，放麵線進去撈起來吃。麵線轉來轉去、漂呀漂的，看起來真令人開心，增添餐桌上的笑聲。

正宗「流しそうめん」，是把麵放進長長竹管流動的水中，隨水流滑動，大家在兩旁排排站，隨手撈起來沾自己手上的醬汁碗吃。炎炎夏日裡，讓素麵隨水流動，看起來很清涼。

台式素乾麵

我發明一種用日本素麵的「台式傻瓜乾麵」吃法，喜歡在宵夜時或一個人中午在家時來一碗，拌香醋、醬油、麻油、辣油，最後撒點兒蔥花。若剛好院子有幾片台灣香菜，整碗麵的FU就更棒了。

最近推廣給來家中作客的日籍友人，還滿受到歡迎呢。台灣的朋友也吃得很開心，慰藉異鄉情懷。日本素麵像是台灣的白麵線，還可以代替，但是像蚵仔麵線的紅麵線卻幾乎沒有，更不用說我思念的雞絲麵了。

中華涼麵（冷やし中華）

弟弟回台灣時，喜歡去超商買涼麵，濃稠的芝麻醬加上小黃瓜，這在日本是吃不到的。在日本，所謂的中華涼麵，是淋上醋、醬油、麻油調出來酸酸甜甜的醬，上面擺一圈小黃瓜絲、火腿絲、煎蛋絲、胡蘿蔔絲和雞胸肉絲，看起來很漂亮，讓人胃口大開。夏天天氣熱，來碗涼麵很痛快。

很有意思的是，雖然名為「中華」，卻源自日本。像天津飯，其實不是天津人發明的呢。「うどん」（烏龍麵）的漢字寫作「饂飩」，可是和餛飩湯一點關係都沒有。

夏天的中華涼麵：料多多版。

「我在洗麵麵，嘻嘻。」在家煮蕎麥麵，弟弟很愛幫忙用冰塊和冰水沖涼。

標準的麵肚，什麼麵都愛。

蔥花的故事

弟弟有時會站在廚房看我煮飯，我快煮好湯時，常會說：「再撒點蔥花就好了。」終於，有一天，他很認真地看著碗裡，開口問：

「媽媽，到底哪裡有蔥的花？」

「不是啦，是蔥切小小的，撒落時很像花瓣落下的樣子。」

「那，蔥會開花嗎？你有看過嗎？」我吃了一輩子的蔥，倒真的沒想過蔥的花長什麼樣子。

「那我們要不要來種種看，就知道了？」

隔天放學後，我們一起去園藝中心，我問店員阿伯，蔥的種子在哪裡？他指著放滿一把把蔥的架子。我跟他說，我們不是要買蔥，是要種蔥。

「沒錯，就是直接插下去種喔。上面太長可以先剪短，晚上煮菜就可以用了。」

回家後，我和弟弟半信半疑地，隨性找了一處向南的角落，挖了兩列深溝，讓蔥排排站。兩列長長的蔥乖乖立正站好，隨風輕輕搖曳。

平常我用洗米水澆灌，無農藥。煮飯或煮湯時，去院子剪兩、三根來用，很方便又新鮮。冰箱裡也不會有沒用完爛爛或乾乾的蔥。基本上蔥花是最後撒，喝湯時還是「生的」，不新鮮的話，吃起來會毛毛的。

蔥長高之後，我便剪到剩下五公分左右，隔一個星期就又長高了。我們家吃蔥的速度，完全趕不上十根蔥的生長速度。於是，我想到一個方法：先剪好一包放冷凍。那陣子有朋友來家裡找我，要回去時我都會問，要不要剪幾朵黃玫瑰或紅玫瑰……還是幾根蔥？蔥有時比玫瑰花受歡迎呢。只是蔥自己到底是什麼時候開花呢？

時間久了，我對每個星期要剪蔥這件事感到累了、漸漸遺忘，也忘記要親眼目睹蔥開花的決心。

突然，在五月的某個早上，弟弟要出門上學時，說：「媽，蔥開花了！你看，かわいい（好可愛）！」

我推開門，看到蔥的頂部開了圓圓的像滿天星一樣的小小黃花。好像是把驚嘆號的那個圓點點倒過來。原來，蔥的花長這樣。

下午，年輕的園藝師來時，我高興地告訴他，蔥開花了。他看了看，停頓三秒鐘。

「家庭菜園我不是很專門，不過聽我媽說，蔥開花就完了。呃，我的意思是，它從此就不會再長了，結束了。」許多香草植物，要是不修剪就會開花，開了花就さようなら（再會啦）。

我聽完愣了三秒鐘。蔥用最美麗的方式離開，劃下句點。

有一天傍晚，我開車去接哥哥打棒球，轉彎開進農田小徑，看到一大片開著小圓球花的蔥。我現在認識它了，知道這片是蔥花。突然覺得有一絲小小的感傷飄過——這也許是片沒有人照顧的蔥田，花季一過，正要告別。

11 拉麵

在日本，除了壽司，大概就屬拉麵最有名了。來日本旅行，一定要嘗一碗才過癮。拉麵高湯大致可分為味噌、醬油、鹽、豚骨、魚貝。麵有粗有細，各憑喜好。拉麵比的是熬出來的高湯，所以達人們會先喝一口湯，再吃麵。

日本人吃麵會簌簌發出很大的聲音，用吸的去品嘗麵的滑順、韌度和彈性。我的日本好友妙子，最近有點在意這件事，東京奧運期間是不是在外吃拉麵不要出聲，否則會被外國人認為不禮貌？我跟她說，拉麵是日本文化，盡量簌沒關係。但是，吃台灣牛肉麵就不要出聲比較好。

點拉麵會話金句

其實，日本拉麵對我來說有點鹹，我點餐的時候通常會請師傅調整一下，味道淡一點、油少一點。以下幾句日語是旅行會話的必備金句：

油少なめ（あぶらすくなめ，油少一點）
味薄め（あじうすめ，味道淡一點）
やわらかめ（麵要軟一點）。

吃原味最能感受該店的拉麵烹煮理念，所以我也盡量不特別要求。不過，若店員主動詢問了，我一定毫不客氣地說出我的偏好。有時朋友聽完後，會開玩笑說：「你要不要乾脆順便要求，錢也算少一點好了？」

雖說日本人喝煮過蕎麥麵的白湯，不過煮過拉麵的熱湯是不喝的。拉麵是黃麵，含有鹼水，所以得要甩乾。拉麵師傅把下水煮過的麵條，非常用力地用濾網甩乾，直接把水甩在地上，所以拉麵店的廚房裡，廚師們大多穿著雨鞋。

吃拉麵配白飯

很妙的是，日本人不只吃餃子會叫碗白飯，吃拉麵也會配白飯。在台灣，很少人會叫牛肉麵加白飯吧。孩子的爸曾經在德州吃過壽司定食，端來了握壽司和白飯，他笑得合不攏嘴，我則在一旁冷冷地說：「你們日本人還不是吃拉麵配白飯。」

有一次，在日本藝文界友人的家中聚會時，大家突然熱烈討論起拉麵。我說，拉麵配白飯就像吃握壽司配白飯，當場頓時一片寂靜僵硬。有位年輕氣盛的設計師說：「你這樣講有點超過吧？」原本這些資深音樂人、製作人、作家和建築師們，整晚一直幫我夾菜，佩服我在異鄉打拚不容易之類的，讓我像是童話故事裡的小公主。這下子，從掌上明珠變成了搬去閣樓住的小婢女。

我見苗頭不對，連忙打圓場說：「那我下次叫一小碗白飯試試看好了。」一位熱血製作人馬上接著說：「真的沒騙你，超好吃喔，你一定要試試，會上癮的喔。」

我想，日本人捍衛的飲食文化精神，是不容許隨便詆毀的，即使拉麵最早應該是從中國傳過去的。

12 烏龍麵分手事件

婚前，有次我從美國去見日本男友，吃了好多天外食，壽司、火鍋、燒肉……想來點簡單的，順便展示手藝，於是決定在家裡煮烏龍麵（うどん）。我從精美的禮盒裡拿出「讚岐うどん」，在手上把玩，欣賞令人愛不釋手的包裝設計，緩緩地放兩綑入鍋。

我努力回想在台灣日式料理店的烏龍麵，料多味美，海鮮、白菜、蛋、魚板、空心菜、香菇、金針菇等等，熱熱吃好溫暖。

當時，我完全不在意烏龍麵要煮幾分鐘，憑感覺差不多就撈起來，接著放進什錦海鮮湯鍋裡。煮久一點比較入味，當然不會小家子氣量幾分鐘。

我把超多料的烏龍麵放進大碗公，端到「こたつ」（日式暖桌）上，雙手雙腳趕緊鑽進暖桌的被子裡，一邊剝小橘子，一邊等他下班。一進門就有碗熱呼呼的麵可以吃，他鐵定超開心。

煮烏龍麵要看說明書？

他一到家，我便催他來吃以免麵爛掉。他看了料很多的烏龍麵，表情有點僵硬，接著吃了一口，小心翼翼地問我麵煮幾分鐘？我回答不知道，有點得意地說：「憑感覺啊。」他問我有沒有看包裝後面的說明。「看說明書？不過是煮個麵而已，麵不都一樣嗎？又不是電器用品，幹嘛看說明書呢！」

他低聲不語，去廚房拿出烏龍麵包裝袋，告訴我水滾後煮三分鐘。我沒接話。他繼續說，因為這是「讃岐うどん」。我突然覺得好委屈，二十年前的我又不認識「讃岐うどん」。他跟天公借膽，輕描淡寫地說，「讃岐うどん」吃咬勁，只要短短的時間燙過一下，沾日式醬油跟蔥末就行。

我一肚子火，二話不說，三兩下拿起我的行李箱，直接往外衝，出門前瞪了一眼高級的「讃岐うどん」禮盒，覺得它好像瞧不起人，裝高尚。

夜晚四下無人，只有我拖著長長的身影，走過月光下的林道，前往車站的方向。我住在一個老舊窄小的商務旅館，腦海中不斷播放離開時的場景和對話。我揚言分手，再也不要吃什麼「讃岐うどん」。

以為當初會為讃岐烏龍麵一走了之。

我想，當初傷的不是愛情，是自尊。他覺得我糟蹋了日本食的文化，我則認為他忘記了孔子說過「不知者無罪」。

吃硬不吃軟

事件過了十多年，我漸漸領悟日本人喜歡吃硬一點的麵，不論是烏龍麵、蕎麥麵，甚至義大利麵。的確，在日本住久了，有時回台灣，會覺得義大利麵店把麵煮太爛了。

我該如何試著了解他當初的心情呢？是不是像統一的「滿漢大餐」牛肉泡麵被煮得爛爛的？的確，爛掉的泡麵很難吃。

曾經傷害我的「讚岐うどん」，產於香川縣，自古以來得天獨厚，名氣大，彈度、黏度、口感都是上上之選，是日本最著名的烏龍麵產地。

最近，日本一家人氣拉麵店，可以讓顧客選麵要多硬，總共有五個階段。最硬的叫做「鋼硬」，是我家那個喜歡吃硬麵的男人必點的。我笑他說，喜歡硬那就直接吃科學麵好了，不用煮最硬。烏龍麵事件相隔這麼多年了，他還是不斷藉機強調，硬麵對他來說有多重要。

「伊勢うどん」麵煮得很透，醬汁直接淋上，很有滷肉飯的豪邁。

伊勢うどん

有一次受邀至伊勢神宮參訪，當地政府觀光人員招待我們嘗嘗名物「伊勢うどん」，想知道台灣人能不能接受。

我嘗了一口，不禁開心地笑起來，「台灣人應該不排斥吧，但是我家日本老公絕對不行。」

「伊勢うどん」把烏龍麵煮很透爛，上面直接淋撒上醬油。想不到日本人也喜歡煮得很爛的烏龍麵呀，還豪邁地直接淋醬油吃。這麼說，當年我不過是把「讚岐うどん」煮成「伊勢うどん」而已。

煮了十多年的和風料理，我漸漸有點信心，學會去尊重日本的飲食文化，體會箇中滋味。同時，常常羨慕起日本人對本土食材的講究和執著。

我想起思念的肉圓，台南、彰化、台中、新竹各地的肉圓都各有一番特色。不論是蒸的還是炸的，有沒有包花生、蛋黃、紅糟肉，要配冬粉筍絲湯或是貢丸魚丸湯，每種都好吃。記憶中的美味，在灑落的芹菜和香菜末中平易地被傳承，是台灣令人難忘的獨特風味。

13 從一顆蛋開始

哥哥上完家政課回來，很開心地煮白煮蛋給我吃。小時候，我們常一起煮，但不如在學校教的仔細，每個步驟都不馬虎。我喜歡吃八分鐘蛋，蛋黃有點熟又不會太熟；小朋友們喜歡吃十分鐘蛋。

白煮蛋當早餐很方便，不太需要用到大腦。只要水滾把蛋放進去就可以了。蛋其實很有營養，日本女性時尚雜誌也常提倡吃早餐，建議每天至少一顆蛋外加一杯番茄汁。

應 蛋的應用題

蛋的變化可以很多，我最常用的有六種，剛好在一週內變化，星期天休息。

第一變是白煮蛋

可用切法再變。切對半、三角形，或是用方便的小工具一刀切成八薄片。最近有個有趣的小工具，趁蛋還熱熱的時候，放進哆啦A夢或是小白兔模型裡塑形，非常可愛。給小朋友吃的撒一點岩鹽，大人可以講究一點，撒松露鹽或是玫瑰鹽。

第二變是荷包蛋

可用單面或雙面煎再變。煎單面時，放一點水加蓋，蛋黃就會被蛋白包起來，很漂亮。我家弟弟喜歡快煎好時加上一片起司。除了單雙面的變化，沾醬又可以再變，像是胡椒鹽、醬油、番茄醬、ソース、辣椒醬，或是從台灣帶來的海山醬。

有一次煎雙面蛋時，不小心把蛋黃打破了，結果意外受到兩兄弟好評，而且所需時間更短。我想起台灣早餐店的蛋餅，的確會故意弄破蛋黃。

第三變是炒蛋球

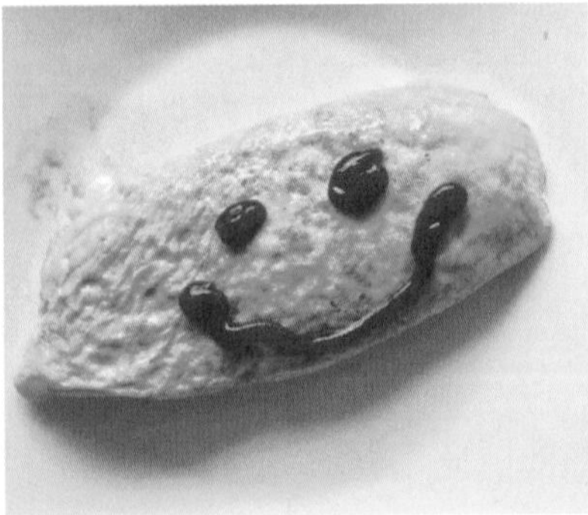

弟弟自己做的蛋包飯最好吃。

用大同電鍋煮的日式茶碗蒸。

從Scrambled eggs進化來的，是最簡單和最受小朋友歡迎的作法，我們家兩兄弟從離乳食品開始吃到大。鍋熱油熱之後，放入打好的蛋汁，用長筷繞圈圈，大約一分鐘，就會出現圓圓的蛋球。

第四變是玉子燒

一顆蛋加一匙糖和一匙醬油。用小方型的玉子燒鍋，鋪一層後折半再倒入蛋汁，再折一半，反覆幾次就是很多層的玉子燒。可以用高湯再變化成鹹的口味，或加牛奶和奶油，變成西式口味。

其實，玉子燒要煎得漂亮，難度有點高，需要些技術。據說，日本美食達人們要評論高級壽司店的等級，常會用玉子燒來當標準。平凡中見偉大！

第五變是茶碗蒸

一顆蛋加三倍水，用高湯調味。可用配料做變化：加

最愛的放學點心是冰冰涼涼的「燒」布丁。（指日語的烤布丁，不是台語。）

蝦子、雞肉、香菇、銀杏、三葉香菜。

我們家的哥哥，除了日式茶碗蒸，也很喜歡吃台式蒸蛋。作法更簡單，只要醬油和大蒜，加點油吃起來口感更滑嫩。晚餐家裡若沒什麼菜時，可以立即變出一道。我好心地介紹給同學的媽媽，結果孩子們反應普通，倒是爸爸們頗為驚豔，晚上加班回來，配啤酒當下酒菜。

最後一變——殺手鐧布丁

假設小朋友所有的蛋料理都不喜歡吃，至少應該不會拒絕布丁吧。布丁雖然是甜點，但基本上由蛋和牛奶組成，是「營養好物」！市面上的布丁加很多糖，比較不健康，如果在家裡現做，半糖就很好吃。

變化成布丁牛奶，更加營養。我家哥哥從台灣回來，常把布丁放進高腳杯、加上牛奶，用吸管喝有手搖杯風。這一招，讓朋友家胃口小小、幾乎可以當仙女的女兒，開心地了好幾天。

倘若用烤布丁來計算，基本上有六單位的蛋白質，加上一杯牛奶，大約含有兩百五十毫克鈣質，營養滿分！最重要的是，孩子願意開開心心地吃，不用三催四請，布丁牛奶對媽媽來說，就是功德一件。

養成吃早餐習慣最有效的方法，就是讓孩子吃想吃的，漸漸地有胃口，自然就會開始嘗試其他的東西。一步一步來，我也漸漸不用再當那位急死人的太監，畢竟吃飯是皇帝自己的事情。

每天一顆蛋

吃早餐的習慣，可以從一顆蛋開始。也許很多人會質疑：只有一顆白煮蛋喔？但仔細想想，這一顆蛋裡面含的營養素，是可以孵出一隻雞的。早餐一定要吃，就算只吃一顆蛋也很棒。

14 お新香（漬物）

「漬物」乍看是不起眼的一碟小菜，幾百年來卻在日本的食文化裡，扮演不可或缺的角色。

宮崎駿的作品《螢火蟲之墓》描述殘酷戰爭下貧困的老百姓生活，只有一碗飯和「お新香」（例如幾片醃白蘿蔔）。有意思的是，在京都的高級料亭，一餐要價三萬日幣的套餐，最後也是一碗白飯和「お新香」，幾片醃蘿蔔，再加上碧綠的小黃瓜、橙紅的胡蘿蔔，或是藍紫的茄子。不論在困苦的生活或頂級的美饌裡，都會出現漬物的身影。

我姊姊到東京旅行，在淺草下町逛時，看到好大一個甕，店主用隻字片語的英語夾雜著日語向她柔情敘說這個醬菜甕的感謝：這甕是代代相傳的傳家寶，靠著它支撐一家生計，是百年老

今天來醃這四種蔬菜。

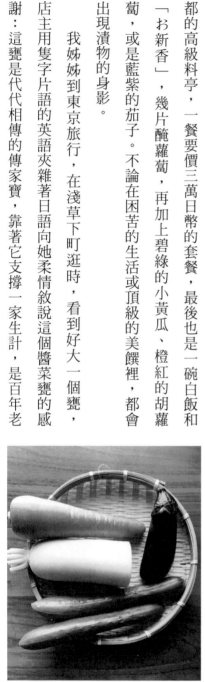

店的支柱。

仔細一想，這個甕活得比人還久呢，穿越歷史，靜觀無數悲歡歲月。是不就像廟前那口香爐般的神聖。

「ぬか漬け」營養價值

京都的千枚漬け、野沢菜、牛蒡、筍等，都是我的最愛。醃製的方法大致上可用鹽、醋、味噌、米糠等來區分。這是自古流傳下來、用來長期保存食物的方法，每一種都各有風味，共通點是非常下飯。我認識的日本人當中，很少有不喜歡漬物的。

「漬物」這類醃漬過的蔬菜，有比一般的生菜更容易被攝取的食物纖維，能保持更多的維生素C，不會因加熱而流失。

漬物之中，有種叫做「ぬか漬け」，對胃腸

我的糠漬床，天天都要好好照顧。

身體很有幫助。「ぬか」就是「糠」，就是米糠、糟糠之妻的「糠」。乍聽之下，不就是米要被丟掉的那部分嗎？但卻是極寶貴的成分，用米糠發酵小黃瓜、胡蘿蔔、茄子等，乳酸菌可增強免疫力。

台灣人常會認為漬物太鹹，對身體不好。的確，鹽分攝取過多會讓腎臟負荷過大，因此我在超市選擇減鹽的商品，近年生產的漬物已經有少鹽的趨勢。

漬物DIY

最對味少鹽的好方法，就是在家裡自己做漬物。所謂的「浅漬け」，意思是淺淺的，稍微醃一下就好。煮晚飯前，我常做的第一件事，就是把小黃瓜等想吃的食材切一切，加上糖和鹽，放入封口袋冰冰箱。大約一個小時後，煮好飯的用餐時間，就可以立即將脆瓜端上桌。

當季的高麗菜，洗乾淨切成多個小塊，加上胡蘿蔔，用醋和糖去醃，十分鐘就可上桌，上面撒一、兩條「鷹甲」辣椒絲，就很像是在台灣巷口麵攤，麵端來之前擺在玻璃小櫃的那盤開胃泡菜。最近，日本很盛行醋，有種調好的方便醋，只要加那一罐就OK。

有時間的話，我會將幾支玻璃瓶先消毒好，再裝入加了蒜頭、辣椒、自種迷迭香的橄欖油。我的手工自製橄欖油很好用，拌沙拉、沾麵包，煮義大利麵時拌一拌，即可上桌。平時擺在廚房或餐桌，看起來也很好看。

我和德國朋友聊到日本的漬物，她提起家鄉的酸黃瓜，送我一整大罐。漬物文化似乎是很國際性的，各個國家都各有特色。

每次我醃製時，都會自我感覺良好，宛若節儉賢慧的傳統婦女，尋找簡單的價值和意義。我極力傾心在追求傳統時，履行我的廚房極簡主義，簡單而溫暖的氛圍，取悅我自己。

豆知識

漬物的試吃方式

日本觀光物產店或百貨公司地下街，有很多漬物可供試吃。每次去日本各地旅行時，我總是很難抗拒，愛得不得了，試吃好幾種，每一種都想買。

有時沒牙籤，店家只提供一根小湯匙時，千萬別用它直接送入口中。正確的做法是，舀一點放到自己的手掌心直接吃。我第一次看到日本人這樣做時有點懷疑，但因為很想試吃，只好將就著模仿。通常旁邊會有一塊溼抹布，提供擦手清潔，但我會邊煩惱要買哪一種，邊用自己的手帕或是面紙擦。

15 茶

哥哥回家告訴我，他今天在學校喝了「綠茶」喔！而且，老師還說可以用茶算命，早上喝茶若發現「茶柱」（莖部）站起來，就表示今天會有好預兆。

我聽了有點嚇一跳，但倒不是因為算命的事。直到小學五年級，我都沒有給孩子們喝含有咖啡因的茶類飲料，一來是怕影響生長機能，二來是怕晚上會太嗨，讓老媽子我沒辦法睡覺。暑假回台灣點檸檬愛玉手搖飲時，也會特別要求「不要加綠茶」。也許是因為這樣，所以喝綠茶這件事，讓他有種自己變成大人的感覺吧。

在日本，小學五年級第一次上家政課，內容是泡茶。哥哥說，泡茶的熱水沸騰後要稍等一下，跟泡咖啡一樣不可以用太燙的水。一杯茶大約是兩克茶葉搭配一百CC的水。倒茶的時候，要每杯都先倒一點點，之後再第兩巡，這樣每杯才會濃淡剛好，否則第一杯會太淡、最後一杯會太濃。

玄米茶。

哥哥熱心地要泡杯茶給我喝喝看。我找到一罐「玉露」，是北海道的阿嬤給我的高級煎茶。「玉露」是指採茶前二十天左右收成的茶葉，減少了光合作用。這樣一來，「旨味」就會增加，苦澀味會減少，有獨特的芳香和甘甜。

其實我比較常喝玄米茶。哥哥把圓圓的茶葉盒一打開，他哈哈大笑說：「裡面有米耶。」沒錯，其實玄米茶就是玄米加綠茶，我喜歡的原因是它比綠茶多了玄米的香味，喝起來比較順口。

最近看到哥哥補習回來的背包裡，都多了綠茶飲料的寶特瓶。一邊唸他為什麼不拿去回收，一邊以文化觀察者的身分感嘆，不得不佩服日本小學用很成功的行銷手法，讓孩子願意拿可以買可樂汽水的零用錢去買綠茶，無形地、根深地傳承日本傳統文化。

哥哥最近對綠茶著迷起來，去外面吃飯時，餐後會點抹茶冰淇淋。記得他還很小的時候，我點的甜點「宇治金時」有抹茶冰淇淋，於是用湯匙挖一小口，結果他吃了皺起眉頭，表情非常逗趣。

除了京都的宇治，靜岡縣、三重縣的伊勢茶也很出名。

在日本餐廳吃飯，通常飯前多是麥茶，飯後則是比較濃郁的綠茶。綠茶有

日本抹茶。

含「カテキン」（兒茶素），餐後喝可以防蛀牙。壽司店的「粉茶」，是把煎茶或玉露磨成粉，讓客人自己泡。因為顏色很鮮綠，還聽過誤以為是芥末粉，撈一湯匙加醬油的趣事。

焙じ茶（焙茶）

最近，日本流行抹茶Café。除了宇治金時之外，還有焙茶拿鐵。把「ほうじ茶」（焙茶）像咖啡一樣加牛奶，感覺有點像烏龍茶奶茶，還滿受日本人歡迎的，我自己也喜歡。焙茶漢字是烘焙的焙，指用大火把煎茶炒過，因此幾乎沒有苦澀味，只有茶香，沒有咖啡因，晚餐後喝也無所謂。

夏天喜歡喝麥茶的日本人

麥茶也沒有咖啡因，日本人夏天的冰箱幾乎都有一瓶，拿來當水喝。麥茶可以整腸、美肌，從小嬰兒到銀髮族都可以喝。

日本對中暑（熱中症）非常敏感，電視新聞常報導有人因中暑送醫不治。冬天時，較少報導有人凍死的，學校好像也不曾提醒過小朋友要多加件衣服，但一到夏天，就無時無刻提醒大家要多補充水分。小小一年級生，後面揹著重重的書包、前面掛著七百五十CC的保冷水壺，天天走路去上學。

老師說，水壺可以裝麥茶帶去學校，孩子的爹立即買了一百個麥茶包回來。我又開始質疑，不是說白開水最好？為什麼日本人這麼喜歡喝麥茶呢？在外面吃拉麵時，店裡都會準備麥茶。

我問鄰居真由美太太，她回答：「えーと，好像沒想那麼多耶……日本人一到夏天，家裡幾乎都會泡一瓶麥茶放冰箱。」夏日風情就是喝麥茶、吃涼麵、剖西瓜。小朋友放學回到家，第一件事就是打開冰箱，咕嚕咕嚕地大口喝麥茶。

接著，我們兩人不約而同地低頭滑手機上網，問問「谷大哥」。根據「維基姊」的說法，麥茶可以清涼退火解渴，沒有咖啡因，小孩也可以喝。

麥茶可以追溯到日本平安時代，是宮廷貴族們的飲用聖

豆知識

典型的茶室

我每次參觀日本歷史建築的茶室，都覺得空間非常小。據說這是為了讓主客之間容易溝通，方便「近一步說話」。

茶道名人千利休是做生意的商人，把茶道加入了禪宗的精神，發揚光大，深深影響到日本後世的飲食文化。現在，赤坂、銀座的高級料亭，裝飾都很樸靜素雅，沒有雕梁畫棟，有別於歐式的富麗堂皇或是土豪式的金碧輝煌。我若不稍加解釋，外國朋友很難理解，為什麼一餐三萬日圓的套餐，個室就簡單掛著一幅掛軸和一輪花。

品。現代研究據說可以降血壓、抗氧化、保護胃黏膜、防蛀牙！麥茶的成分有抗氧化作用，據說可以抑制癌細胞的發生率。豐富的礦物質，尤其是亞鉛，可以加快黑色素的代謝，預防我臉上的雀斑產生；強化膠原蛋白，防止我的臉鬆垮沒彈性。真是神奇呀，我以前實在小看麥茶了。

我想起以前常去的嬰兒用品店，蘋果汁的旁邊都會有麥茶。日本小嬰兒應該是從三個月大起，就開始喝麥茶。麥茶比水有味道，可以喝更多的量。麥茶在日語中雖然也是有茶這個字，但是不含咖啡因，跟綠茶是不同的，所以嬰兒可以喝，大人晚上喝也不會睡不著。

櫻花茶

日本人在有喜事時，像是在神宮舉行婚禮之前，宮方會端出櫻花茶請雙方親友喝。很像台灣訂婚時要奉茶的精神，但並不是新娘子端出來的，所以也不用給紅包。

日本的畢業典禮剛好是櫻花季節，早上校長會喝櫻花茶。校長當天是主角，有種嫁女兒的意味，是很值得恭喜的事！粉紅色的櫻花瓣在茶杯裡輕輕漂著，非常詩意。

校長看我這麼捧櫻花茶的場，特別請我喝一杯，慈祥地問我感想，我很誠實地說，用眼睛喝比較好喝——意思是用嘴巴喝起來不怎麼樣，鹹鹹的而已。我盡量不要把櫻花茶不好喝這件事宣揚出去，總覺得破壞了櫻花的形象。

在日本生活中，有許多是講意境、靠體會的，茶道中的抹茶也是一項吧。我曾經在早稻田大學的推廣中心學過一陣子茶道，算是皮毛中的皮毛，因為茶道包含太多學問了。

我記得在最後一堂課，學員們使用自己吃和菓子的專用叉子，叉子是用「黑文字」做成的——這是一種樹，中文名為「烏樟」，有淡淡的香味。吃和菓子時，要從左邊開始，切一小塊一小塊吃。我很喜歡用「黑文字」吃和菓子，總覺得意境不同，雖然說穿了不過是根比較大的牙籤，直接用金屬叉子不是更好叉。但我的小確幸就是這樣，不見得是最方便、最有邏輯的，卻是我最喜歡的方式。

櫻花茶。

16 調味料

六劍客打天下

我的廚房裡只有三種調味料，糖、鹽、胡椒；液體類也只有三種，醬油、味醂、つゆ（日式醬油）。家裡三餐全靠這六種調味料。

鹽選的是阿爾卑斯山岩鹽，胡椒是現磨的，糖是三溫糖；醬油是鮮度保存包，味醂是純米酒，つゆ是天然柴魚，不含化學調味料。聽起來好像很挑剔，但這是日本一般廚房的標準配備，各大超市甚至便利商店都買得到。

日本這些年崇尚天然，強調「無添加」、「無香料」，不只食品類，連洗髮精、肥皂等，也針對過敏體質相繼推出標榜無添加的產品。過度的調味會失去食材原本的風味，最重要的是沒有辦法從小訓練味蕾，培養出小美食家。

味精這個東西，令人產生些許壞媳婦的聯想。好媳婦煮菜是絕對不用味精的。我很久沒吃味精，偶爾在外面吃到，就會口乾舌燥、很想喝水，嚴重一點

會有心悸。

當然，我也沒有極端到絕對不用混合調味料，像是美國的Crazy Salt，或是最近有些加上天然香草的胡椒鹽，料理起來很方便，處理醃肉、品嘗義大利麵，撒上一些就可以了。

至於烹大師（ほんだし），就處於曖昧地帶了。烹大師是很常用的日式調味料，煮湯、炒菜都可以加一匙，味道就很鮮美。純日式的馬鈴薯燉肉（肉じゃが）、親子丼，只要用烹大師下去調味，萬能得就像是昭和時代、五〇年代風行的味精。但是，在我婆婆的年代，如今七、八十歲的人，是很難啟齒自己有用烹大師的。

有一次和幾位料理研究家聚餐，他們都很喜歡台灣，每年去台灣的次數比我回家還多。他們說，每次台灣人都熱情款待他們，好想煮菜請對方吃。

「那很好啊。基本上，台灣人都很喜歡吃日本料理，像是柴魚味的餐點。烹大師在台灣也賣得很好。」我開心地說。

想不到，一說出口馬上被嚴正地反駁：「湯底要自己調啦。用昆布、柴魚或小魚乾。」

我知道自己踢到了鐵板，只有點頭的份。難怪和食食譜的第一頁，要不就是最後的附錄，一定會有如何熬製高湯的章節。（本書也有，請參考第二章第九篇〈會呼吸的湯〉。）

日本料理的特徵

許多人對日本料理的印象都是甜甜的，主要是大量使用味醂和糖的關係。

我們家兩兄弟很喜歡吃的壽喜燒（すき焼き），做起來其實非常簡單，就是糖加醬油而已。我記得住美國的表哥，有一次招待我當時的日籍男友在家吃飯，特地煮了壽喜燒。他用的是おつゆ，而非一般的醬油，結果味道四不像，但我男友還是乖乖地邊點頭邊吃完一大鍋。

超市有現成的壽喜燒醬，我只買過一次，不但占冰箱空間，而且添加了一些有的沒的。所以，我選擇自己用醬油和糖調味。我可以這麼有自信的原因是，京都壽喜屋老鋪森田屋穿和服的女將，在我面前煮，也是鍋子裡先放肉，然後撒上糖，最後再淋上醬油而已。日式料理調味簡單，好吃的勝負關鍵是肉質，豆腐、洋蔥、蒟蒻絲、春菊等蔬菜配料，講求的是食材的原味。

日本糖

從我有記憶以來，似乎就沒有買過白糖。日本的糖有很多種，具有營養成分，並不全是壞東西。沖繩的黑糖含有豐富的礦物質，製成的甜點很受歡迎；我最常拿釀梅酒用的冰糖來烹煮滷肉；我家廚房輪流用三溫糖和北海道出產的甜菜糖，含有豐富的礦物質。

法國方糖長得好好看。

早晨取悅自己的方式，用很漂亮的杯子喝咖啡。

記得多攝取鹽分防中暑？

炎炎豔陽的周日午後，哥哥跟爸爸從棒球隊練習回來，兩人汗流浹背，臭ㄇㄛㄇㄛ的趴在沙發上，看得我就快火氣上升，眼角餘光又瞄到桌上，放了包剛買的「塩分チャージ」（補充鹽分糖果），忍不住立即開罵。

減鹽是我的生活目標，三餐煮飯，簡直就把鹽當金箔粉般，只用一小撮，深怕自己下手太重，影響到家人健康。

我自詡是「不賢」妻良母：煮飯不「鹹」，生活不「閒」。在日本，我常閱讀和健康有關的文章。電視報導飲食健康專題時，立刻找遙控器把音量調大，認真收看，隔天照做。我常花一下午流連藥妝店，看看是否有助益健康的好東西，更新自己的腦袋資料庫。

日本阿嬤更厲害，她煮出來的味噌湯幾乎跟白開水一樣，淡到像是小氣麵店的那桶免費湯。她常跟我耳提面命，鹽過多會造成孩子的腎臟負擔。日本濟陽氏癌症食療法，也提倡近乎無鹽的飲食習慣。日本阿嬤要是看到她兒子給她金孫吃鹽糖果，肯定臉都綠了。

我一氣之下，就出門到超市，自動玻璃門一開，陣陣冰涼舒服的冷氣迎面而來，正當覺得神清氣爽，映入眼簾的竟是，那堆積如山、包裝精美的罪惡鹽糖果。超市正舉辦預防中暑特賣，有各式各樣補充「鹽分」的商品。裝飾用的竹簾子上掛著玻璃風鈴，發出陣陣清脆悅耳的聲音，這光景讓我有點錯愕起來。

預防「熱中症」

隔天中午，我和三位好朋友吃飯，見面一坐下來，我立馬跟這些健康意識高的女醫師，抱怨起罪惡的糖果。

理惠醫師笑說，「唉、你不要罵孩子的阿爸啦，夏天運動流汗過多，不能只喝水，要補充鹽分，否則會中暑。」秋子醫師接著說，「血液中的電解質不夠，有時候會暈倒。」麗子醫師則說，「我家老爺去爬山時，我都會在口袋放一兩顆鹽糖果捏。」我恍然大悟，難怪超市有那麼多琳瑯滿目的鹽分商品，原來是供需原則。

日本的夏天，炎熱程度一點都不輸台灣。大家來日本的時候，除了買家裡已經有N個的保溫保冷杯外，不妨試試「鹽糖果」，放兩顆在口袋以防中暑。嗯，味道還不錯。

只不過，說不上來為什麼，我很喜歡方糖。也許是因為小時候的記憶，家裡有一盒白色的維生方糖，看起來好可愛。當然，為了健康，我很少買來用，直到遇見了茶色的法國咖啡方糖，總算可以理直氣壯地拿來用，比較不會有健康的顧慮。早上喝咖啡，家裡添了幾分Café的氣氛。

蜂蜜很滋養，我常用來代替糖。炒高麗菜時，用大蒜爆香之後，起鍋前加少少的鹽和蜂蜜，兩位小兄弟一次可以吃完一顆高麗菜。

蜂蜜含有豐富的維生素、礦物質、有機酸，可以活化細胞代謝，自古以來都是滋養強壯的聖品，不過一歲以下的幼兒不宜食用。喜歡吃甜無可避免，但是甜也要甜得健康，蜂蜜還幫了不少忙。

第三章

料理的故事
洋風篇

1 鬆餅

形象良好的鬆餅

我對鬆餅的印象很好，因為早上煎鬆餅，整間屋子都會很香，拉開窗簾，不論是旭日朝陽或是綿綿細雨，總覺得會是美好的一天。

我喜歡做鬆餅的原因是，弟弟很喜歡吃。鬆餅基本上是牛奶加蛋，我心目中的營養雙重奏。對媽媽們來說，只要是小朋友喜歡、又有營養的，就是好東西。

我們家是加奶油和楓糖。楓糖有礦物質，其實並不是壞東西。弟弟第一次在外過夜，是在我以前的同事兼好朋友吉田家。她和我幾乎是同時期懷孕，一樣孕吐很嚴重，生的都是男孩，同樣很喜歡鬆餅。那天早餐她準備了鬆餅，裡面加了火腿。

這樣的搭配令我很意外，但的確非常好吃。她說，她媽媽還會加馬鈴薯或

菠菜等等。這些食材和奶油都非常搭，鹹口味鬆餅一點都不輸甜的。於是，我們家的鬆餅，從甜的應用變化到鹹的也有。後來，熱狗和培根鬆餅，便常常出現在我家早餐桌上，偶爾則成為我自己和朋友的早午餐。

我用木頭材質的大盤子裝鬆餅，旁邊煎個荷包蛋、小小白色焗烤杯裝沙拉，再附碗玉米濃湯杯湯。看看院子這季節有什麼花花草草，剪幾朵插在霧色系玻璃花瓶裡。

最近流行很花俏的鬆餅，疊好幾層，加冰淇淋、花式奶油等。我有時候會在家模仿一下，藍莓產季時，放幾顆在鬆餅旁，摘幾片院子裡長得很旺盛的薄荷葉，擠一點生奶油，撒上糖粉，最後加一球冰淇淋——鬆餅從早餐到早午餐，又變身Café下午茶。

親子鬆餅

孩子念幼稚園時，二點就放學了。空閒的下午不知道要做什麼時，我們喜歡一起做鬆餅或是烤馬芬蛋糕。從攪拌、打蛋、量牛奶、測溫度，每個過程都是學習數理的好題材，同時訓練小肌肉，認識數字和容量。

弟弟最近比較年長了，他想試試自己煎鬆餅，結果形狀沒有圓圓的，不太成功。我告訴他，麵團要盡量從高處倒下，翻面的時候要很小心地，從邊邊一點一點先剷起，再一口氣翻過去。

「聽起來很簡單，但做起來不容易。為什麼媽媽都可以煎得圓圓的？」

我有點小得意，趕緊機會教育一下：「靠練習啊。日本有句諺語，『努力は人を裏切らない』（努力不會背叛人的）。」

他似懂非懂地、嘴巴塞滿鬆餅說：「再來一片！」

鬆餅科學教室

日本的小學有「兒童俱樂部」，讓放學後的學童參加，會定期舉辦活動。我和日本媽媽朋友偶爾會去

鬆餅要從高高的地方，慢慢地往下倒，才會很鬆。

幫忙。有一天說要讓小朋友用電器做鬆餅，我心想，沒有瓦斯爐，當然要用電器，不然是碳火烤嗎？

當天一到教室，發現老師是位退休的爺爺級人物。桌上的工具是牛奶盒、正負極電源夾，和兩片不鏽鋼。

小朋友們把兩片不鏽鋼分別豎立在牛奶盒兩邊，夾好兩個正負極電源夾，把蛋、牛奶、鬆餅粉混合好之後，倒入牛奶盒容器裡。老師確認完畢，然後插上電源。

一通電流，就有氣泡產生，鬆餅粉接著膨脹起來，香味四溢。

那天，哥哥放學後，我做鬆餅當下午的點心——不過是用真的IH爐。

「媽，你知道為什麼鬆餅會鬆鬆的嗎？」我沒怎麼認真聽，只見他拿起鬆餅粉包裝袋，指著上頭的「重曹」兩個字。

「『重曹』俗稱小蘇打粉，學名為碳酸氫鈉。電解質加入水之後，水溶液就會通電，焦耳熱分解碳酸氫鈉時，就會產生氣泡（二氧化碳），所以鬆餅會膨脹起來。水分沒有了，電就不會通了。

「媽媽，你到底有沒有在聽啊？」

家裡的比利時鬆餅。

真的比利時鬆餅。

「有啊。」我趕緊用手機查一下小抄。

「焦耳熱就是電流經過導體時會產生熱能。英國的物理學家在一八四一年發現的。」我回答得很心虛，回想不起來國中到底有沒有念過。

「媽，有焦味~太多焦耳熱了！」鬆餅在我看手機時，變成黑梭梭的。以往我印象中溫柔鬆軟的鬆餅，背後竟隱藏了如此富有邏輯的化學原理。

「沒有焦耳熱點心吃，那我只好委屈開包洋芋片當零食囉。」哥哥露出得意的笑容。

我刷洗著鍋子，被丟在一旁的鬆餅，黑黑的臉彷彿露出本性，正在笑我的無知。我打開窗戶透氣，廚房裡的小天地頓時瀰漫著一股伽利略實驗室風。

「對了，媽，你知道洋芋片怎麼炸出來的嗎……」

鬆餅粉的應用題

比利時鬆餅

鬆餅粉應用一：多加一顆蛋和奶油，變成格子狀的比利時鬆餅。做比利時鬆餅其實比鬆餅容易，只要倒入模型器，插電就可以了，不用站在鍋子旁邊顧著怕燒焦，讓過多的焦耳熱把鬆餅弄得烏漆墨黑。

格子狀的比利時鬆餅口感酥脆，介於餅乾和鬆餅之間。賣相好，一副難度很高的樣子，但其實是最簡便的，是我早餐桌上的常勝軍。下午茶時間就在上面放一球冰淇淋、摘一片薄荷葉，或是點綴幾顆藍莓。有時我會淋上巧克力醬和灑上幾顆堅果，旁邊擺幾片香蕉。

吃不完時，一片片用保鮮膜包起來，放進冷凍庫，想吃的時候用烤箱烤一下就能美味重現。是逛街太晚到家，放學後的「時短」點心。

馬芬蛋糕

鬆餅粉應用二：換成杯狀模型，變成馬芬蛋糕，能簡單做出各種口味變化。

好處是直接放烤箱烤一烤就好，雖然時間比較長，但不需要像鬆餅得一片一片煎。上面放點小裝飾，變成自用送人兩相宜的馬芬蛋糕。我家的烤箱大約烤二十五分鐘，整個家都瀰漫著奶油香，光用聞的就很幸福。孩子們放學回家，一推開門就可以感受到溫暖的香味。

我每次都用三種顏色，烤不一樣的口味。弟弟喜歡加了可可粉的巧克力馬芬；哥哥喜歡放幾顆小藍莓，就成了顧眼睛的小藍莓馬芬；我每次切香蕉片放進去烤的時候，都會邊想：「哼，這個我也會。」不用去麵包店買貴森森的香蕉馬芬。

最近，我迷上做堅果馬芬，放一些腰果或是夏威夷果，烤起來很香又健康。唯一要多一道工夫的是大吉領紅茶馬芬，不過很受成人女性朋友的歡迎。

有一天，我突然很想吃桂圓蛋糕，於是突發奇想地把龍眼乾和核桃放進馬芬裡，結果烤出來還算差強人意。有一就有二，我想到台灣有一種鹹蛋糕，我媽媽很愛吃，裡面包豬絞肉和筍子之類的，基本上有點類似肉包子料。於是，我把炒過的絞肉放進馬芬蛋糕裡烤烤看——吃是還能吃，只不過我自此再也沒做過第二次了。

圓圓的香蕉馬芬，營養滿分。

三種口味的馬芬，不知道吃到哪一種？

2 吐司麵包的變化

在不以稻米為主食的西方國家，麵包扮演著主要角色。在台灣，麵包則多是當早餐或是下午茶點心。

我喜歡台灣泡沫紅茶店的花生或奶酥厚片；夜市裡，木瓜牛奶攤的草莓吐司；台式牛排店的餐前椰子餐包，是我童年對麵包單純而美好的印象和記憶。

漸漸長大後，才知道麵包有好多種類：法國麵包、牛角麵包、德國麵包、英式鬆麵包；可單吃，可夾火腿和起司做成三明治。我住的城市，麵包非常有名，是所謂的一級戰區。

好的壽司店，據說是用玉子燒來評斷高下；麵包店的話，應該吃片吐司麵包或純牛角麵包，就可以評斷水準。最近很流行的發酵奶油，不論是做成牛角麵包或直接抹在麵包上，都別有一番風味，特別受到歡迎。奶油是少數日本超市會賣到缺貨的東西，所以我一定會隨時多備一盒。

吐司的創意組合

日本吐司麵包主要分六切和八切。台灣的厚片吐司，就是屬於六切的。聽說大阪人喜歡五切，吃更厚一些。我最近常在厚片吐司放上納豆和起司片，烤起來特別好吃。喜歡吃納豆的弟弟，會自己做來孝敬我。我和他於是異想天開，開發了一些新的厚片組合，試吃後給自己的創意評個分：

火腿、起司、羅勒、橄欖油
熱狗、第戎蜂蜜芥醬
玉米、鮪魚
奶油、糖霜粉
草莓、煉乳
蘋果、肉桂粉
香蕉、巧克力醬

那一陣子，我們看到什麼特別的食材，都會立刻反應說：明天拿來放在厚片吐司上烤烤看。像是梅子、吻仔魚、山葵加美乃滋、鯖魚罐頭等，創意無限，不過當然也會有踩到地雷的時候。原則上先做一片，不論味道如何，一定要分著吃完。

後來，我家這股風潮漸漸消滅後，有一天我問弟弟：「你明天早餐最想吃哪一種吐司？」

他沒有二話：「奶油。只有奶油就好。」

我忍不住哈哈大笑。他接著問我說：「媽媽呢？」

我想了想，收起笑容回答：「奶油。」

一種回歸原點的美好。

法國吐司

閒暇的時候，除了做鬆餅和亂發明厚片吐司，我也常和孩子們做法國吐司。蛋加牛奶就是「營養好東西！」煎起來又香味四溢，受到我百般青睞。

做法國吐司，是一堂廚房的數理課。看調理盤中的蛋汁被吐司的毛細現象吸入，非常有趣。我微笑地舉一反三，這就像媽媽臉上敷面膜，精華都跑進毛細孔裡了，孩子的爸在一旁冷靜地說：「這是滲透壓原理。」

吃法國吐司時，弟弟喜歡淋上楓糖，哥哥喜歡夾一片火腿，我有時會做夾鮪魚或玉米加強版，營養再升級。

切法變化一下，感覺又不相同。以前我只對角切三角形，最近發現法國麵包店切對半成兩等分，感覺很時尚。

吃早餐時，我會用料理紙或炸天婦羅的和風鋪紙包起來，方便孩子用手拿著吃，比較不會掉滿地。「事後好處理」是能持續做早餐的一大關鍵和鐵則。

自己做麵包

在家做麵包，其實很簡單。就像煮飯一樣，晚上按個鈕設定好，隔天早上就可以吃到剛出爐的麵包。

第一次聽到可以自己做麵包這件事，是同事說她的孩子是過敏體質，沒辦法吃外面的麵包，所以必須自己做。我很喜歡吃麵包，即使日本沒有蔥花、肉鬆、奶酥、芋泥麵包，我還是常常光顧不同的麵包店。選擇很多，並不需要自己動手做。

會買麵包機的主要動機，並沒有什麼特別的，純粹是想有個新玩具的心

自己做的剛出爐的麵包。

自製香辣迷迭香大蒜橄欖油，直接拌義大利麵或沾麵包。

態。若真要找出個理由，是因為我很喜歡吃「剛出爐」的麵包。

第一次吃到在家剛出爐的麵包，我就知道自己回不去了。正港的熱騰騰、會燙手，非常美味。醇厚的奶油和牛奶香甜，一吃就知道沒添加任何多餘的東西，什麼果醬都不用塗，完全吃原味。以前學生時代，會說窮到光吃白吐司過日子；現在若是這種自己現做出爐的，光吃白吐司一點也不以為苦。

自家製的麵包會這麼好吃，最大的理由是因為剛出爐。雖然在麵包店偶爾會碰到剛出爐的，但已經在廚房架上放涼過，溫溫的而已。通常我們家四個人，早餐就可以吃光半斤的吐司麵包。什麼都不塗的麵包，出乎我意料之外的好吃。

我不惜成本改良食譜，一樣用兩百五十克的高筋麵粉，糖減半、奶油加倍，水全用牛奶代替。我的黃

弟弟最愛英式馬芬麵包。

金比例：二十五克糖、四十克奶油、五克鹽、兩百CC牛奶。香濃的牛奶吐司雖然要花五個小時製作，成本比在外面買現成的還高，但是一想到熱騰騰出爐、整個房子都是誘人的烤麵包味，我便還是堅持自己做吐司。

持續的祕訣：「Project -based收納法」

當初買麵包機之前，我考慮了很久，怕自己三天捕魚、兩天曬網，然後就忘記自己要去捕魚這件事。

我想到一個方法，決定把麵包機放在電鍋旁邊，麵粉放在米旁邊，好隨時記得有它的存在。同時，把需要用到的量杯和磅秤等工具，一併移到麵包機旁邊，讓做麵包的動線維持在最簡單方便的程度，不用找東找西。為此我取了一個名字，叫做「Project -based收納法」。

果然，在我的精心算計下，我們家多年來維持每週做一次麵包的頻率。熟能生巧後，我學會變化許多花樣，加入堅果、巧克力捲心等，但我還是最喜歡吃原味的奶油牛奶吐司。

後來，買了新的櫃子，把麵包機稍微移到客廳櫃子的角落，因為放得四平八穩，就沒有趕快移回來的必要性。打掃時偶爾瞥見它，雖然心想「來做個麵包，該是讓它重出江湖的時候了」，轉身又因別的事而耽擱了。

從此以後，便不再聞到麵包香。沒想到當初無心的一移，竟不知不覺把麵包機打入冷宮。

所以，使用小家電，無論是麵包機、果汁機、優酪乳機、鬆餅機，若要充分利用，就必須放在隨手可拿的地方。因為我們每天實在是太忙了，很容易眼不見就忘，然後又興沖沖地去買下一個廚房新玩具。

3 優格

我家冰箱隨時都會有優格。兩位小兄弟每天早餐和放學都會吃一盒，非常自動，完全不用三催四請。有時候，早餐真的吃不下時，至少會吃優格。

日本優格的種類

日本優格的種類多到我眼花撩亂，基本上我選擇的方式，就是全部試試看。大多是有水果的，藍莓、水蜜桃、橘子、草莓，我們家最喜歡有加椰果或是蘆薈的口味。在日本，水果貴森森，吃水果優格剛好替代。

優酪乳、優格的營養

日本以前流行「腸活」這個詞。調整飲食習慣和作息，做一些對腸子有益的事情，增加善玉菌（台灣稱為腸道益生菌），讓腸子活動起來。優酪乳、優格的乳酸菌有整腸作用，維持菌相平衡，消除便祕和下痢的問題。大腸裡的善玉菌，其中一種是我們常聽到的比菲德氏菌。

善玉菌據說能提高免疫力，活化免疫細胞，緩和過敏症狀。最令我期待的，是維生素B2能維持肌膚和口腔黏膜健康。當然，乳酸和鈣質的結合，讓鈣質更容易被身體吸收，增強骨頭和牙齒，防止骨質疏鬆。

無糖優格也可以拿來提味，像是煮咖哩時，可以更香醇。我喜歡在盛好擺盤時，最後淋上一小湯匙優酪乳，看起來很漂亮。

哥哥喜歡在馬鈴薯沙拉裡，加一點優酪乳「拉一拉」（台語），讓口感更滑順。

哥哥最愛無糖優格加藍莓。

日本的水果

日本的水果真的很好吃，尤其是當季的櫻桃、水蜜桃，美味到光想到就會笑。看到當季水果出來了，特別能感受到季節風情。好比出門看到聖誕樹時，會很開心地期待聖誕節的來臨。在超市看到西瓜時，就會有晴朗夏日要來了的期待。平凡買菜的日子裡，看到草莓、櫻桃、水蜜桃、西瓜、葡萄、梨子，都會對未來充滿希望，是生活的小確幸。

西瓜、巨峰葡萄、蘋果、哈密瓜在台灣也吃得到，但日本對品種品質的堅持，只能說是羊毛出在羊身上了。名牌哈蜜瓜像是「夕張メロン」、草莓像是「あまおう」，很容易吃過一次就回不去了。最近水果會標示甜度，糖度十三分就表示很甜，提供消費者客觀的指標。

遺憾的是，日本沒有我最愛的芭樂和蓮霧。芭樂有豐富的維生素C，甜度很高雅，不會甜滋滋。蓮霧吃起來味道很高尚，懂的人才了解她的美味。我們家兩位小兄弟，回去台灣之前，就會請他們的阿姨和阿嬤準備好芭樂。

我常在想，為什麼日本不種芭樂呢？這麼含蓄的水果，應該會受歡迎的。每當跟日本人敘述我最愛的芭樂時，他們會附和地說：「啊，有喝過芭樂汁。」我當下用力搖頭說：「芭樂和芭樂汁是兩種不同次元的東西。」他們還是無法理解，我接著解釋：「就像是蘆筍和蘆筍汁味道不同。」但是一點幫助都沒有，因為日本並沒有蘆筍汁。

前幾年開始，日本開始種芒果。一顆要價六百塊台幣。仔細想想，芒果的味道很重，很有特色，日本人會喜歡這麼有個性的水果，倒也有點妙。我到現在還是比較喜歡青芒果，覺得比較有芒果的感覺。

不過，日本栽種芒果的事情，為我燃起了一線希望，說不定接下來會有種芭樂的機會。住在吃得到芭樂的日本，是件多美妙的事。

另外，日本人若能嘗到荔枝、龍眼，不知道會不會驚為天人。端午節前後在日本可以訂得到空運的荔枝，但皮已經有點皺皺的，不過比冷凍的好多了，聊勝於無。只不過小小一箱就要數千元，讓我有想買機票回家吃荔枝的衝動。

櫻花妹是很難了解台灣水果王國妹的心情的。（訂正：應該是歐巴桑了。）

每年夏天，北海道的阿公都會寄來夕張哈蜜瓜。

用喝的比較快

兩位小兄弟喜歡吃一盒盒的優格，我自己則偏好用喝的比較快的優酪乳。日本的都小小瓶，十秒鐘就可以喝完了。

最近，日本流行吃希臘優格，我們家吃一口就搖頭了——境界太高，有點無法跟隨。每個人喜好口味不同，我再也不勉強自己和孩子。

我的原則是，吃進嘴裡的東西，除了有營養，還得要好吃才行。

小時候沒想到我會流浪到住在有橄欖樹的家。「不要問我從哪裡來，我的故鄉在遠方……」

4 人氣馬鈴薯

馬鈴薯的種類

我小時候認為，馬鈴薯就是馬鈴薯、地瓜就是地瓜，各自就只有一種。到日本之後開始做菜，才發現馬鈴薯有許多不同的種類，像是男爵、五月皇后（メークイン）等。

做沙拉或可樂餅，用「男爵」比較鬆軟快熟，若是煮咖哩或是燉濃湯，就選形狀不會一下子就崩垮的「五月皇后」——這個很美的名字，是在一九〇〇年大正浪漫時代，從英國傳過來品種。

我家兩兄弟很喜歡吃馬鈴薯沙拉，可以當主食，吃掉一大碗公，還會不知不覺吃掉暗藏的小胡蘿蔔。我常常先煮好，當成放學後的點心。

我一邊看著小兒子吃，一邊跟他說：歐美人吃很多馬鈴薯，有點像米飯，會有飽足感。馬鈴薯含有豐富的食物纖維和維生素C，幾乎跟奇異果一樣多。

抗氧化的作用可以提高免疫力，減低癌症發生的機率。

他聽了有點不解。馬鈴薯沒有酸酸的口感，怎麼會有維生素C呢？

馬鈴薯的維生素C

「其實，有許多食材都有豐富的維生素C，像是你和媽媽最喜歡的台灣芭樂。並不是只有酸酸的東西，才有維生素C。」

「媽，借我查一下。」他拿起我的手機，滑了幾下後，說：「喔，NO！最有維生素C的前兩名是紅椒和黃椒，都是我不喜歡的。而且，我發現蝴蝶一定超愛維生素C，因為我們家的小檸檬樹，一到春天葉子就被紋白蝶的幼蟲吃光光。還有香芹（パセリ），一整大片有超過十五隻的黃鳳蝶幼蟲。」

「不過，蝴蝶不知道要吃厲害的馬鈴薯。其實，馬鈴薯因為有澱粉的保護，水溶性維生素C不會在加熱後而流失。」

「那太好了，我靠馬鈴薯就好了。媽，你不用買紅椒、黃椒、青椒了。」

「我還是想買。」

「為什麼？」

「因為看起來很漂亮啊。你不覺得放在盤子上顏色就很好看嗎？而且我覺得也很好吃。」我的歪理在孩子的邏輯之下，聽起來充分十足。

「說得也是。」小兒子一下子就被說服了，他正要離開廚房時，回頭跟我說：「對了，媽，蝴蝶吃的檸檬葉子是生的，沒有加熱過，水溶性維生素C應該沒有溜走。」

新馬鈴薯

記得我最早在超市看到牌子寫「新ジャガイモ」（新馬鈴薯），忍不住笑了出來：難道有賣舊的馬鈴薯，或是中古的馬鈴薯嗎？

原來，「新」的意思是指早期收穫的，在南方九州像是鹿兒島、長崎一帶，大約在春天的三到五月間就有馬鈴薯了。相對於「新馬鈴薯」，指的是貯藏過冬的馬鈴薯。除了馬鈴薯，也有所謂「新洋蔥」，味道比較不辛辣，適合做沙拉。

北海道出產的馬鈴薯，占了日本收穫量八成。新馬鈴薯收成期是在七到十月，剛好是暑假期間。每次回北海道的阿公阿嬤家避暑，正好可以吃到新馬

鈴薯。還有，鐵定要買風靡一時的「薯條三兄弟」（ジャガポックル）。我邊吃邊想，商人腦筋動得快，做成生產量龐大的加工食品，保存期限長，利潤豐富。

雖然在大部分超市裡，馬鈴薯都用假名「じゃがいも」表示，其實漢字和台灣的中文一樣，都是「馬鈴薯」。對日本人來說，這三個字屬於高難度的漢字，會正確寫出來的沒幾個。若是有天在日本很想吃馬鈴薯、卻不會說日語時，可以藉由筆談，一寫出來，對方馬上就知道是馬鈴薯，並且讚揚漢字的高水準。用英語的Potato，會被誤以為是薯條，被帶去熟食區。在速食店，薯條叫做Potato（和製英語），並不是正式英語用的French fries——不用怕，這種日本薯條是炸好的，不是生的。

種馬鈴薯

有一次在園藝中心，看到在賣「馬鈴薯種子」，仔細一看，不就是一顆馬鈴薯嗎？旁邊的店員推薦說，馬鈴薯很好種喔。我想起家裡忘記煮的馬鈴薯，應該有好幾顆，而且正好都發芽了。馬鈴薯發出的綠芽含有「ソラニン」（茄

男生拿到圓圓的東西，就想當棒球丟。

第一顆收成的迷你馬鈴薯，比楓葉還小。

放學後的點心，奶油烤馬鈴薯。

鹼）的毒素，千萬不能吃。我聽說，把蘋果和馬鈴薯用塑膠袋裝在一起，蘋果釋出的成分會抑制綠芽生長，但我家裡的可能因為是放太久，蘋果都皺了，馬鈴薯的綠芽肆無忌憚地長好多。

隔天，我把原本不能吃要丟掉的發芽馬鈴薯切成一半，切面朝下，種在院子裡。相隔幾個月，有一天翻土，正想著這是什麼花的葉子時，挖出了一顆顆小小的馬鈴薯。我幾乎忘了它的存在，原來正好到採收的季節，正宗無農藥、無照顧的有機馬鈴薯。

煮馬鈴薯的祕訣

法國鑄鐵鍋，是我煮馬鈴薯時的最愛。我婆婆跟我說，一開始還是冷水時，就要把馬鈴薯下鍋一起煮，能保有香甜原味。基本上根莖類的，像是胡蘿蔔、白蘿蔔、玉米、馬鈴薯，先跟冷水一起煮，比較好吃。

我最喜歡這類食物了，因為不用站在鍋子旁邊等水滾。洗好、切好、放冷水、按下約二十分鐘計時器，就可以去作別的事，時間到自動關火，就是一鍋香噴噴的佳餚。

煮好的馬鈴薯用工具壓成泥狀，趁熱放入一些奶油、鹽、胡椒，有時我會看冰箱庫存，加放蘋果、小黃瓜和火腿。弟弟喜歡重起司口味，我會再撒一些帕馬森起司粉。若是偏好軟滑口感，可以斟酌加一點牛奶。或像我家哥哥加優格。

最近，哥哥告訴我一種「免削皮的方法」，我們馬上去超市買一袋北海道「新馬鈴薯」試試。把洗過帶皮的馬鈴薯，用刀子在中間畫一圈，直接放入水裡煮滾。煮熟後，稍微用冷水沖一下，馬鈴薯的上下兩邊就可以像脫帽子一樣，一整顆滑脫出來，不用三秒鐘就可以把整顆馬鈴薯剝乾淨。小里芋也可以如法炮製，省去許多時間。

我很喜歡這種古溜古溜的感覺，馬鈴薯皮剝得很療癒。

奶油馬鈴薯

日本的夏日廟會裡，除了日式炒麵、章魚燒以外，兩兄弟很喜歡買「じゃがバター」（奶油烤馬鈴薯）。我也試著在家自己做做看，發現比做馬鈴薯沙拉還簡單，帶皮蒸熟後很漂亮，像一朵花。

把一整顆馬鈴薯帶皮刷洗乾淨後，像切蛋糕一樣，一半再一半，共四刀，分八片。祕訣是不要切斷，放入大同電鍋，一大杯水，蒸煮二十分鐘左右。等大同電鍋「跳起來後」，灑一些岩鹽，中間放一小塊奶油。

下午放學後，我有時因為要載弟弟去上科學教室，於是會先做好放在電鍋，哥哥自己騎腳踏車回家，先吃一個奶油馬鈴薯解饞、填填肚子，等所有人回家後再一起吃晚飯。這與其說是點心，倒像是前菜的概念。

放學後的點心，我盡量不準備甜的，因為怕晚餐會吃不下。若是火腿玉米湯、奶油烤馬鈴薯、沙拉、三明治、御飯糰等，便可以當成晚餐的前奏。

馬鈴薯燉肉

和風家庭料理中，最具代表性的非馬鈴薯燉肉（肉じゃが）莫屬了。若說自己的拿手菜是馬鈴薯燉肉，就會有賢慧的氛圍。也許我尚未參透那精神上的精髓部分，基本上調味就是單純的「日式醬油和味醂」、食材就是「馬鈴薯加肉片」。

「奶油+醬油」地瓜、南瓜

其實，出生在台灣的我，比起馬鈴薯，我是跟地瓜比較熟的。反而在日本，吃到地瓜的機會比較少，而且沒有地瓜葉可以買。每次跟日本友人在台灣吃飯時，我一定會點地瓜葉，通常頭先反應都是很驚訝，沒聽說過地瓜葉可以吃，然後立馬吃光一整盤。

我最近在想，日本繼珍珠大流行之後，會不會開始接受芋圓、地瓜圓？希望開冰店，讓我能大飽口福。

地瓜會排毒，台灣人大概研究出非常多種料理。

在日本，最常見到的是「大学芋」，就是裹著一層脆脆糖衣的地瓜，好像糖葫蘆一樣。超市有在賣調理包，但總是做不出口感，於是我很快就放棄了。

但是在失敗的過程中，我發現了一種奇妙的組合。我在熬地瓜的鍋子裡加了糖和醬油，最後趁熱用奶油和少許牛奶搗碎。牛奶讓地瓜的口感柔順，平常不吃地瓜的兩位小兄弟也很捧場，因為很像他們喜歡的奶油馬鈴薯。南瓜也可以用相同的調味方法料理。

「大学芋」就是拔絲地瓜。
聽説是當時東京帝大學生喜歡而如此取名的。

仔細想想，奶油醬油是一種很絕妙的組合。奶油是西式料理的代表，醬油是和風的主角，兩個邏輯上有點相沖的味道，卻爆出火花來，像是奶油醬油蘑菇義大利麵、烤鮭魚佐奶油醬油汁等。弟弟和我最喜歡吃金針菇，我常用鋁箔紙放點奶油包起來放入烤箱，上桌時淋點醬油、轉點黑胡椒，不僅是味美價廉的「時短」料理，事後也不用洗鍋子。

料理與清理

「專業對專業」

哥哥在家政料理課做ジャーマンポテト（德國馬鈴薯），回到家時，他很興奮地要做給我吃，誇口說晚餐全由他負責。

平時不拘小節的哥哥，把每片馬鈴薯都切得整整齊齊的，培根片也像是用尺量過的，很和諧一致地和洋蔥條混合在一起。最後，他挑了一個我請客時才會用的鑲金邊大盤子，撒上雪花般的起司粉。

他端來二樓書房，敲敲門走了進來。我嘗了一口，真是美味極了，味道、擺飾都很用心。

我吃完後端回廚房，目睹他大費周章的幕後

舞台，料理台弄得亂七八糟的，本想張口叫來罵一罵：「你在學校煮完是這樣的嗎？」但是怕他失去剛對料理萌生的興趣，又礙於剛剛拿人手短、吃人手軟的立場，只好硬生生地把話吞了回去。

果真，哥哥的興趣沒有被我澆滅，隔天他回家後，又想做德國馬鈴薯和白煮蛋給我吃。我實在怕連續兩天看到孫悟空大鬧天庭後的混亂場面，於是以「專業對專業」的口吻跟他說：

「媽媽在考廚師執照時，料理台要隨時保持整潔，才符合衛生法規。考試時，裁判會走來走去，評分每桌廚師的料理過程。煮菜時若沒有一邊收拾，煮完會很難整理，收很久。」

我很小心地措辭，怕壞了他的興致。哥哥似乎接受了專業說法，好主廚的廚房，煮完不能亂七八糟的。

邊煮邊收，人生才會是彩色的

我發現，保持每天煮菜的習慣，重要的關鍵是「邊煮邊收」，否則餐後收拾工程太浩大，吃飽了面對一堆碗和調理工具發愁，老覺得自己真命苦、人生是黑白的，鐵定會發誓隔天一定要到外面去吃。

我的日本婆婆煮完飯後，會先把料理過的鍋鏟等清洗乾淨，再走出廚房到客廳和我們一起吃飯。這等於是把清洗分兩階段，吃飯前先洗好鍋鏟工具，吃完飯後再洗碗盤。

台灣吃飯要全家人一起開動，但傳統日本女性似乎要晚點吃。當我婆婆在洗鍋子時，已經先開動的四十多歲兒子還會呼來喚去，央她拿這個那個的，但她還是笑咪咪地、有耐心地張羅和招呼大家。

煮飯是件很愉快的事情，更愉快的是煮的菜有人吃，大家一起吃。

「日式醬油」南瓜

我總有刻板印象，認為南瓜很西式，大概是從小在台灣比較少吃，而且萬聖節的印象太強烈了。

日本的南瓜很好吃、很甜，口感很鬆軟。跟所有的根莖類食物一樣，南瓜的營養價值很高，南瓜沙拉當涼菜，顏色很漂亮。

可是在日本，南瓜似乎不全是西式的印象。和風南瓜很簡單，用日式醬油和味醂煮就好了。有時候上面灑一些肉醬，就更有營養了。

日本也許是因為青菜種類少，料理中用很多根莖類食物，除了馬鈴薯、地瓜、南瓜之外，還有一種台灣較少見的「里芋」（即台灣的芋艿），小小的有點像芋頭，常出現在和式煮物或是味噌湯裡。很沮喪的是，日本沒有我喜歡的芋頭。

歸納起來，馬鈴薯、地瓜、南瓜、里芋，都可以用「日式醬油和味醂」調味烹煮，簡單又有營養，舉一反三很有成就感。想當小女人的，會有賢慧的氛圍；追求專業風的，會有職人的氛圍。這是一道適合取悅自己和別人的料理！

5 義大利麵

各式各樣的義大利麵

我學日語的時候，最不喜歡片假名。字形很類似，通常是外國語。認得的英文字還好，唸成日本和風調調就可以了，要是遇到德語、法語、義大利語，就很吃力。

約會去法國餐廳時，菜單上滿滿的法語和片假名，看得頭都暈了，只能裝婉約地說「お任せします」——您決定就好了，我都可以。

但是，日子總不能這樣混下去，因為在日本吃到義大利麵的機會太多了，常出現的義大利語還是得記下來。就像台灣有陽春麵、黃麵、意麵、米粉、冬粉，粄條等，日本有烏龍麵、中華麵、蕎麥麵、素麵等。同樣地，義大利麵Spaghetti這個字非常廣義，麵條粗細

烏魚子在日本很珍貴，
義大利麵不會像我一次放好多片。

分許多種：Linguine、Capellini、Penne、Fusilli、Fettuccine、Lasagna等，日語中全都用片假名表示，所以假如不認識那個字，就不知道那是什麼東西。

像是Penne，中文會很親切地意譯成「筆管麵」，看字就可揣測長什麼樣子，腦子就會浮現「嗯，應該就是那種短短的，中間空的」。台灣就連佐醬也會很親切地標示「青醬、白醬」等，日語則是直接來片假名カルボナーラ（Carbonara）、ナポリタン（Neapolitan）、ボロネーゼ（Bolognese）、ペペロンチーノ（Peperoncino）、ボンゴレ（Vongole）。

基本上可以照義大利語發音，但若不認識這個單字，就很難點菜，道地的義大利餐廳櫥窗也沒有逼真的料理模型可以參考。

不過，好處是到了義大利想吃筆管麵，直接念日語片假名「ペンネ」就能直接溝通沒問題，若用中文說筆管麵，對方是聽不懂的，也許只能用畫的了。

順道一提，若要畫義大利麵，以Spaghetti為中間標準的話，Linguine是稍微粗一點的麵條，Fettuccine則更粗更平，Angel's Hair是像髮絲般細細的。有對照標準的話，比較容易猜出是哪一種麵。簡言之，用英文頭一個字母F-L-S-A來記粗細順序。

日本有些餐廳會標榜「生義大利麵」（生パスタ），有別於超市買得到的乾燥麵條，吃起來口感不一樣。我們家特別喜歡，常找有賣「生パスタ」的店。

需要做「時短」料理時，我通常會煮義大利麵。最陽春的基本作法是絞肉用大蒜和橄欖油炒過，加上胡椒和鹽，最後拌番茄醬就好了。或是鮭魚用奶油煎過，把義大利麵放進來，拌一下就可以上桌。

講究一點的應用變化，可以加蘑菇、蝦子、茄子、蘆筍，放幾片香草（像是迷迭香、羅勒、桂冠葉），用紅酒或白酒提味。

和風義大利麵

通常在洋風餐廳，義大利麵的菜單會分兩大類：義式以及和式。和風義大利麵，像是明太子、醬油、味噌、梅子、納豆等口味，都很受歡迎。我在家偶爾會做明太子海苔、奶油醬油香菇、味噌肉燥高麗菜義大利麵，簡單又「時短」。

夏天胃口比較不好時，我喜歡梅子雞里肌和風義大利麵。雞里肌蛋白質含量高，是我們家冰箱的常備軍，通常一買來就用糖和鹽醃好放冰箱，有時候還可以換口味，改加香草胡椒鹽、大蒜胡椒鹽等。

隔天一早，只要用熱水氽燙約三分鐘，確定肉熟透，就可以當早餐吃。吃的時候，剪成一小塊單吃或夾麵包，都各有風味。若是早餐吃完還有剩，中午我就加點梅子、院子裡摘幾片「生長的瘋狂程度不輸薄荷」的紫蘇葉，就成了一道「和風梅香雞紫蘇義大利麵」。

納豆和義大利麵這個組合也許比較難想像，但意外地很合拍又對味。納豆泡菜、海苔加培根，經濟實惠又有營養，是月底節省開銷的好點子。

和風義大利麵，我吃得沒有違和感，感覺義大利麵似乎已經入境隨俗，在日本獨樹一格。不過仔細想想，那不就等於麻婆豆腐義大利麵、豬腳義大利麵、宮保蝦仁義大利麵的意思嗎？我只能說，「Do in Roma as the Romans do; Do in Japan as the Japanese do.」

我的生日大餐

今年生日的時候，哥哥說要為我煮生日餐，幾天前就拿著手機查來查去想

明太子義大利麵是我鍾愛的時短料理。

菜單。他前一天跟我要了零用錢，自己騎腳踏車去超市買菜，買回來後冰在冰箱下層，叫我一定不能看。

我生日那天剛好是星期六，他從早上到下午五點練了一天棒球，回到家匆匆忙忙洗好澡，便把我趕到樓上房間去，叫我看日劇不能下來。

我看完一齣日劇後，發現廚房還沒叫我，於是只好又繼續看另一部。終於，兩位小兄弟來敲門，

我的生日義大利麵大餐。

兩位小主廚。

要我把眼睛遮起來走到餐桌前。我隱約聞到焦味，覺得一定不妙，睜眼一看，原來是點了長長的蠟燭，是頓「燭光晚餐」呢！桌上插著我早上剪的紅玫瑰。真慶幸我的生日在五月，剛好是玫瑰花盛開的季節。

音響放著我喜歡的日本歌手「Back Number」唱的〈Happy Birthday〉。嗯，這兩個小子以後追女朋友應該不成問題。

哥哥和弟弟煮了「ナポリタン」（日式拿坡里義大利麵），讓我驚異不已的是，裡面有許多洋蔥、青椒、紅椒、黃椒，一整個維生素C軍團。真難得，這些都是他們不太喜歡吃的食材。

「你教我的，紅椒、黃椒很漂亮，我也這樣覺得。」弟弟一副勝券在握的樣子。

我嘗了一口，不禁佩服兩位男生用科學精神煮出來的義大利麵，硬度適中。我回頭瞄了一眼，果真量杯、磅秤、計時器全都用上了。一瞄到我回頭看，廚房的兩兄弟略顯緊張，連忙對我下了封口令，怕我一開罵就說個沒完。

「媽媽，今天生日餐還包洗碗喔。等一下就收。」

我滿意地點點頭，但內心充滿懷疑。不過，我決定「活在當下」，先享用我眼前的義大利麵。我發現嘗起來還有點辣，原來是加了Tapasco辣醬。我看到兩兄弟猛喝「特調果汁」。

「大丈夫？（還好嗎？）」

「喔～一點點就很辣ㄋㄟ。」

「媽媽，你知道我還加了什麼祕密武器嗎？」

沒錯，這味道很濃郁。

「中濃ソース！」就是平時吃大阪燒、日式炒麵、或是炸馬鈴薯餅會沾的醬。我曾經拿來涼拌章魚，想不到可以加在義大利麵裡。

「你猜猜這是什麼果汁？」

我完全喝不出來。

「手工現榨香吉士加洋梨汽水！對了，還有放蘆薈進去，增加口感。」完全是台灣手搖茶的特調概念。

我們一起吃生日蛋糕許願，突然覺得這應該是我最難忘的生日。兩位小兄弟能夠運用創意、動手做菜，相信他們未來的人生必定充滿樂趣，也能為別人帶來快樂。

6 咖哩

我念小學的時候，每當營養午餐吃咖哩飯時，第三節課就會飄來陣陣香味，讓人飢腸轆轆。現在回想起來，當時的咖哩顏色是青黃色的，比較稀；家裡裡用的日本好侍咖哩塊是深咖啡色的，比較濃稠。大學時，在泰國餐廳吃到的椰香綠咖哩，是我的最愛必點之一。

道地的印度咖哩，第一次是在日本吃的，見識到咖哩國的多樣變化。剛出爐的印度麵包「ナン」（饢），比盤子還大的一大片，一下就被我吃個精光。

我常去家裡附近的印度料理店吃中午特餐，有牛肉、雞肉、羊肉、海鮮、蝦子、菠菜等，七到八種口味不盡相同的咖哩可以選擇。餐盤上會附黃色的咖哩飯，顏色比較像台灣小學的營養午餐，接近螢光色的黃。後來我在超市買純咖哩粉時，才知道咖哩的顏色是這種螢光黃綠色。點套餐時，店家會附上一杯Lassi（印度優酪乳）。

鈴木一朗早餐吃咖哩

印度人愛吃咖哩，聽說早餐也是吃咖哩。日本人也很愛，嬰兒專用食品裡，有一歲就可以吃的咖哩包。世界聞名的棒球選手鈴木一朗，據說他太太每天早上都煮咖哩給他吃，因此從考生到上班族都相繼模仿，掀起一股早餐吃咖哩風。後來，另一位棒球選手田中將大（マー君）為早餐用的咖哩包代言，一決勝負的比賽當天早餐，固定吃咖哩。

我很常煮咖哩，「時短」、孩子愛，兩位小兄弟一下子就能吃完整鍋飯。我猜職棒選手們這麼常吃咖哩的原因，是因為能每餐吃下很多白飯，讓身體變結實。

咖哩的確能讓人不知不覺吃很多飯的。若日本選手的媽媽或太太會煮一鍋控肉飯和滷蛋，應該也有異曲同工之妙。連我自己都常光澆湯汁，就吃了一大碗飯。

王文華大哥來日本，我煮家常的咖哩飯一起吃。

咖哩烏龍麵、咖哩湯、咖哩炒飯

日本融合了傳統食物烏龍麵，創造出「咖哩烏龍麵」。以前，公司附近有一間專賣店，一到中午就大排長龍。冬天常排到門外，冷颼颼的很想半途放棄，但是門一開、飄來陣陣咖哩香，就又讓人走不開。

北海道前幾年開始流行吃咖哩湯，大受歡迎，現在已經商品化，在超市都可以買到配料，方便自己在家裡做。咖哩湯是清湯，通常搭配雞腿、馬鈴薯、青花菜、洋蔥一起燉。札幌雪祭時，幾乎人手一碗，跟拉麵一樣受歡迎。

我家哥哥喜歡咖哩炒飯，做法其實很簡單，就是不放番茄醬、改放咖哩粉就可以了。我中午一個人時，常把剩飯炒一炒，加個蛋，撒上咖哩粉就完成了。住在沒辦法去巷口吃碗麵的國家，只能變通湊合一下。

8 熱呼呼的燉一鍋

ハヤシライス（香雅飯）

在日本吃洋風料理時，菜單上常有這道「ハヤシライス」（香雅飯），非常普遍。嚴格來講，這屬於「和風洋食」，就是昭和大正時代傳入日本、融合了日本本土特色的創作料理。銀座煉瓦式的建築風、街道兩旁的路燈，是這時期的代表。

在日本超市裡，也可以買到「ハヤシライス」塊，通常放在咖哩塊旁邊，包裝非常類似，若沒仔細看日文，會以為是相同的產品。香雅飯和咖哩飯主要不同的是，有番茄味道和醬油，多用火鍋薄肉片和鴻喜菇，淋的醬是深褐色的「ドミグラスソース」（demi-glace sauce），西式料理的基本醬。

作法簡單，只要洋蔥炒牛肉片，加上香雅飯塊就好了。吃起來有點像牛肉燴飯的感覺。

我常告誡自己，煮菜不要貪心，簡單、量力而為就好，否則太累，隔天就沒辦法持續了。

ビーフシチュー（西式燉牛肉）

西式燉牛肉和香雅飯看起來顏色很像，但肉是切成一塊塊小正方體，類似台灣的牛肉麵。

燉牛肉很受歡迎，在冬天是暖身暖心的好料理。我最近觀察到一件很有趣的事，日本明星宣布結婚的記者會上，女方被問到拿手料理的時候，多數會回答「ビーフシチュー」（西式燉牛肉），女星北川景子就是這樣說的。

我分析了一下選擇這個回答的策略性因素：第一，基本上，這道菜大家都很喜歡。第二，對男生來說，肉是很重要的。第三，這道菜料理起來需要一點技巧，能隱約透露出手藝不錯的訊息。第四，這道菜要花費比較長的時間，才能把肉燉軟和入味，能營造出在家裡做菜等男人回家的情景。第五，這道菜香，煮完後家裡香味四溢。第六，因為屬於西式料理，感覺很時尚。綜合以上理由，花時間、花心思、營造賢妻良母的形象，絕對是記者會上的最佳回答。

日本人平常私底下也很喜歡問別人的拿手菜，我通常回答「燉大補雞湯」，也許下次該改一下了。

シチュー（奶油燉）

奶油燉是很受小朋友歡迎的一道菜。我家哥哥的最愛之一，可以連吃三餐都不厭倦。通常的奶油燉食材有雞肉、洋蔥、馬鈴薯、胡蘿蔔、青花菜等，基本上和咖哩是一樣的，煮法也類似。

我常讓孩子們決定今天晚上要吃奶油燉還是咖哩，在超市擺放的架子比鄰而居，只是顏色不同：一個是乳白色，一個是深咖啡色。價錢也都差不多，最後他們選的都是有附玩具的那一種。

有時考究一點，可以上面鋪個起司，再放進烤箱烤一下。只是我們家兩兄弟時常還沒烤就忍受不了香味，說：「媽，我想要先吃了。」

奶油燉鮭魚——應用題

鮭魚在日本和台灣都很常見，營養價值高，喜歡的人也不少。香煎後淋上奶油燉的醬，升級成另一道大人小孩都喜歡的料理。

處理魚的關鍵是去腥，大多數人是因為不喜歡那種味道，才對魚敬而遠之。但是魚肉有很高的蛋白質，豐富的ＤＨＡ不吃就可惜了。鮭魚魚刺相較之下比較好挑，但仍要小心就是了。我姪女甄甄小時候被魚刺刺到，長大後都還有魚刺恐懼症，只能吃高級生魚片。

去腥味的方法：加牛奶醃，放檸檬、百里香

鮭魚先用牛奶醃過，煎的時候放幾片檸檬和百里香，就能魚「肉」混珠，沒有腥肉。看起來顏色很漂亮，放幾片香草就像是餐廳端出來的。

只不過，這在我們家無用武之地，鮭魚只要用奶油煎一煎，轉點胡椒和岩鹽，兩位小兄弟就吃光光了。有時忘記放迷迭香點綴，他們會說：「媽，不用啦。快吃完了。」

男生和女生對料理的期待真是大不相同。

想想，反正我也累累的，不用再費心費力煮奶油燉汁淋上。有時候，簡單就是最好的調味料。

法式燉湯（ポトフ）

假設家裡沒有奶油燉塊，可以用牛奶、麵粉、奶油等自己調白醬。更簡單的方法，就是什麼都不用放：馬鈴薯、胡蘿蔔、加上熱狗和高麗菜，就可以變身為法式燉湯（ポトフ，Pot-au-feu）、是法式家庭料理的一種。

食材換成芹菜、其他肉類也都可以。我自己很喜歡這道菜，用淺大湯盤裝、木湯匙喝，早餐、中餐或晚餐都很適合，光聽名字就覺得很高尚有品味。

實際上，這也是清冰箱的好時機，把這些很容易剩一半的食材放進去一起煮湯，隔餐更入味好吃。成本低、物盡其用，是我喜歡法式燉湯的世俗原因。

第四章

生活中的食育

早晨，從燒一壺水開始

我每天早上一定要做的，就是下樓去廚房，用黑色的百慕達電熱壺燒一壺水，沖一杯咖啡，把熱過的牛奶倒進去，喝一口，一天才真正開始。接著拉開嗓門，叫諸公子起床。

我早上堅持不生氣，因為孩子們即將離開家去學校，不想讓他們一天開始，便渾渾噩噩地被唸東唸西。當然，我還是有我的堅持，只是一直減一直減，唯有兩件事不能讓步——那就是刷牙和吃早餐。保持愉悅的心情，是我的日課。

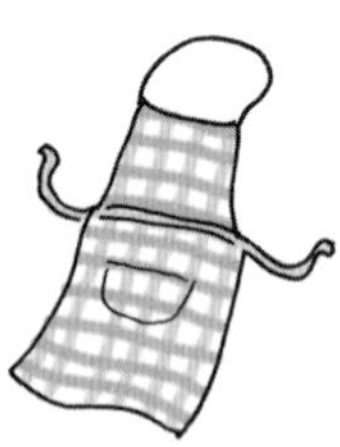

廚房裡的天地，悅己的空間

年輕時，我喜歡買衣服、鞋子、包包。現在我喜歡買廚房的東西，來取悅自己，讓自己開心。

一個家裡面，除了睡覺的床以外，每天花最多時間的就是廚房吧。煮三餐、收拾並不是百分之百愉悅的事，所以這個角落一定要讓自己舒服，用盡方法取悅在廚房的自己。

選用漂亮的東西、好的東西、發揮Only One的特殊感，維持最少量的物品，減少收拾的麻煩與無謂的動線。我再三告誡自己，想要簡約、乾淨、時尚的話，任何東西若是多到不好拿，就該淘汰，必須斷捨離。

喜歡自己的廚房小天地，讓煮飯人生閃耀幸福的光芒。

在自己喜歡的廚房小天地，讓人生閃耀幸福的光芒。

1 我的圍裙

各式各樣的漂亮圍裙

取悅廚房小天地的自己，第一件事就是要漂亮。我喜歡穿圍裙，除了心情好，還有種要出兵打戰、一鼓作氣的豪邁。就像是考前衝刺的學生們，在頭上綁著「鬥魂」的頭巾。

除了精神上的理由，我發現圍裙有許多實質的好處。在家裡，我喜歡穿布料軟，寬鬆的衣服，突然有宅急便送貨員或是朋友來訪，只消三秒鐘套上圍裙，不論身上穿的是怎麼不宜見外人的家居服，就可以從鬆散的魚乾女形象搖身一變成為賢慧的家庭主婦。

圍裙有大口袋，可以放手機、橡皮圈、口罩、鑰匙、小錢包等。此外，我喜歡有防水材質的，可以保護衣服，不會洗個碗就弄得整件衣服溼溼的不舒服，也不會炒個菜油就濺到喜歡的白色T恤上，或煎個魚便整身油煙味。

最後一個重要的原因是衛生上的考量。有時在外面會帶灰塵進家門，穿上圍裙，多少可以抑制髒汙飄進食物裡。當然，圍裙要常常洗，最好兩天洗一次，所以……買很多件也沒關係。

日本的家庭主婦，一早起來做事就穿上圍裙，完全沒有脫下的機會。在超市買菜時，常會看到直接圍著圍裙的主婦們，倒也司空見慣。

由於天天穿圍裙，有幾件不同款式、換換心情穿搭也很不錯。日本各式品牌的雜貨店都有賣好看的圍裙，依季節各有不同的質料，冬天還有鋪棉的，既保暖又舒服。我有件長袖的圍裙，在院子裡可以防曬，帶狗狗露露去散步時，都固定穿這一件。

日本圍裙種類很多，有長袖、無袖之分；背後打結的方式也不同，有交叉、H式、全包式等；樣式有洋風蓬蓬裙、時尚簡單形、卡通可愛款等多種。在日本的購物中心，除了有成人女性用的，也有男性用和小朋友的圍裙。

我最常穿的是日本傳統白色圍裙，長袖整件式的，穿上好像就變身為克勤克儉的賢慧主婦，家事靈感就來了。

型男的圍裙

在日本，其實不只是家庭主婦，男性也會穿圍裙。有次在電視上看到宮崎駿，他就穿著圍裙工作服受訪。超級型男西島秀俊之前演一個家具店店長，是個認養了許多貓咪的溫男，他每集都穿著圍裙出現。當然，男性穿的圍裙，不是秋葉原女僕咖啡店的白色蕾絲邊，也不是保育員老師所穿棉質有小白兔模樣的，他們穿的布料接近帆布，像是京都老鋪「信三郎」的材質。

後來，大概是穿圍裙的樣子大受好評，西島秀俊之後演出《警察之家》時，幾乎每集都會穿圍裙。今年的日劇《昨日的美食》裡，西島秀俊每集都會做一道菜，當然免不了要穿迷人的圍裙。

在台南有家帆布老鋪，除了賣書包，也賣帆布圍裙。我驚喜地買了一件試穿，發現材質比較硬，裙襬也長了一些，比較適合型男，很殘念地，不適合一般家庭主婦的我。

我轉身看到趴在地板上看書的哥哥，只能寄望他了。

「媽媽有件好看的圍裙，現在太長了，等你長大了送給你，穿上就會變得很酷！」

「不用啦，我們下星期家政裁縫課，就要自己縫圍裙呢。」

再次見識到日本人真的很喜歡「圍裙」。

沒有帶圍裙的我

夏天，棒球隊舉辦ＢＢＱ大賽，早上趁孩子們在練習的時候，召集志願的媽媽們幫忙，主要是切菜、做飯糰和滷蛋。一聲號令下，「では、始めましょうか」（我們開始吧）！媽媽們各自穿上帶來的圍裙，開始在砧板上切切剁剁。

我有點愣住，發現自己是唯一沒有帶圍裙的媽媽。我當然不介意自己的衣服弄髒，倒是心裡想著其他人會不會暗自介意我沒穿圍裙、不衛生，把灰塵帶進食物裡。

孩子的阿爸進了廚房，看到我，第一句話便小小聲問：「圍裙呢？」

我小小聲回答沒帶。

「那我們一起去外面幫忙釘帳篷、搬東西吧。」

配膳「白衣」的執著

營養午餐配膳時，小朋友要穿的「白衣」，很像台灣醫生的長白袍，再加上一頂白色帽子。每個月大概會輪到一次配膳，那一週的星期五就會帶「白衣」回來洗，用熨斗燙好後，星期一帶到學校去，給下一輪的小朋友穿。

就這樣，我從孩子一年級洗到六年級，倒也不曾質疑過。若是在台灣，應該會統一送洗，減少家長負擔、減輕小朋友忘記的頻率、省下老師寫聯絡簿叮囑的時間、確保白衣能徹底清洗乾淨。

但是人在江湖、身不由己，我似乎也沒有什麼可以反彈。除了每個月洗配膳白衣之外，還有每星期洗室內鞋，每天洗餐具、桌巾，洗久了也就習慣了。刷刷洗洗似乎是參與孩子的成長過程中，必經的日課。

2 美味的祕訣

很多人都知道，日語中的「美味しい」（Oishi）是好吃的意思，但嚴格來講，這句話是要食物進了口中，嘗過味道才能說。若是在餐廳，店員端來的菜看起來很好吃時，不能說「美味しい」。店員聽起來會有違和感，心想這人又還沒吃一口，為什麼會知道好不好吃呢？

想表達「看起來好好吃」時，正確的日語是「美味しそう」（Oishi-sou）。

「看」起來好好吃和「嘗」起來好好吃，一個是視覺，一個是味覺，兩句話的日語表現並不相同。

紫蘇很香，入菜或擺飾都能添和式風情。
我喜歡摘一片在手上搓搓，整個手就會香香的。

舌頭要聽大腦的

因為，舌頭也是要聽大腦的。東西好吃，不光是舌頭的感受。有時候雖然不是什麼山珍美味，但只要遇上對的人，就會覺得特別美味。童年記憶中單純的味道，客觀上也許不那麼美味，但是回憶的調味料總讓粗茶淡飯變為安逸的饗宴。

一頓好吃的飯，靠的並不只是頂尖的廚藝，還有周邊的因素可以大大加分。日本有句諺語叫「目で食べる」（用眼睛吃），賞心悅目的餐盤可以讓簡單的料理升格。餐盤擺飾很重要，我常開玩笑說：「人要衣裝，佛要金裝，飯菜要好好裝。」

為什麼會覺得好吃？

好吃最基本的要素，當然是食材和料理本身，可分為化學和物理特性。化學是指味道和香味，「聞」起來好好吃；物理是指外觀、質感、溫度、聲音，「看」起來好好吃，或是手捧暖暖的咖啡杯或熱湯，聽到鹹酥雞油炸滋滋酥脆的聲音。

其實，食品或飲料的電視和雜誌廣告，都運用了人對好吃的五感經驗，在實際上無法讓觀眾嘗到味覺的情況下，用視覺讓大腦告訴我們：「嗯，感覺好好喝喔。好想去買來喝喝看……」

好吃的要素，其次是人的特性，分生理特性、心理特性，以及飲食的經驗、嗜好。生理特性像是年齡、健康狀態、空腹程度、口腔狀態。小時候喜歡吃的零食，大一點就不愛了。以前覺得酒很苦，長大後看到就想來一杯。身體不舒服時，不管看到什麼都不想吃，尤其是嘴巴破洞口內炎或是牙痛時，完全不想進食。

心理因素則有可能因為喜怒哀樂、不安緊張而覺得東西不好吃，或食不知味。我很羨慕擔任駐日外交官的同學，常招待外賓享用美食，但是他說，心裡盤算要如何喬事情都來不及了，舌頭只是用來攪拌食物，完全沒有發揮味覺的功能。真正美味的是，工作結束後，自己在車站吃的那碗拉麵和冰涼的啤酒。

第三個好吃的因素是環境，可以再細分為社會、自然、人為等因素。社會是指經濟狀態、宗教、飲食文化、飲食習慣、飲食情報。出國旅行時，會因為吃不習慣而覺得不好吃。而在法鼓山上，大家一起在長凳上吃素，會覺得殊勝而美味。

自然是指氣候和地理的影響，天氣躁熱什麼都吃不下，所以夏天有涼麵、鰻魚飯等比較開胃的餐點，以免因為沒吃東西或中暑而昏倒。週末假日到山上去，粗茶配鹽飯糰都覺得好吃，眼前的好風光和恬淨的空氣，是最好的配菜。

人為因素是指吃飯時的環境，所以餐廳百般用盡心思布置舒適的用餐環境。男女朋友約會求婚時，一定要好好選地方，力求燈光好、氣氛佳，確保讓對方覺得好吃，滿意開心地進一步發展。

溫泉旅行時，旅館用很漂亮的器皿盛裝提供試吃時，當時覺得很好吃，都很想買，回到家卻覺得好像也只算普通而已。味道相同的煎餅，為什麼會有這樣的差異呢？

總歸一句，舌頭是歸大腦管的，好不好吃是由大腦決定的。

吃飯看電視

從小在升學壓力下，我唯一可以看電視的時候是吃飯時間，但家人想看的頻道不同。說實在的，我一點也不想看新聞或是歌仔戲。我想看卡通，不是都說我念書重要，只有一小撮時間可以看電視，為什麼不能配合一下我呢？這種敢怒不敢言的情況，其實對消化不好，生理心理都有影響。

邊看電視邊吃飯，似乎不太有教養。用餐時間是家人聊天溝通的好時機，看電視就會導致，筷子停在半空，嘴巴開開，碗裡的飯越吃越大碗，食物掉滿桌滿地，因為不注意，常會打翻果汁。

日語稱之為「コ食」，片假名的コ，看起來就像全家圍著電視吃飯的場景。其實，和孩子一起看電視，可以有共同的笑點和話題，能增進親子間的了解和互動。於是，我想到一個折衷的辦法：吃水果的時候，再一起轉移到沙發上看電視。附帶的好處，在餐桌吃飯不會拖很久。「等一下吃完，我們一起去看電視好不好？」言下之意就是，你沒吃完就不要看。

氣氛歡樂的營養午餐

日本學校的營養午餐時間，除了流感期以外，大部分讓孩子們「共食」，四個人併桌，邊聊天邊吃飯。校方會想方法增加歡樂氣氛，像是哥哥當放送委員播放音樂、導師擺盆花，有時邀請別科的老師或貴賓一起共餐，生日時還會慶祝。

教室變餐廳，吃飯時不可以隨便站起來，不可以挑食，說喜歡這個、不喜歡這個，聽起來很掃興，破壞氣氛。在愉快的氣氛下，會吃起來更美味。

細嚼慢嚥，去感覺舌頭其實不同的位置，感受到不同的味道。比方說，舌頭前端是甜味，裡面是苦味，側面是酸味，側面的先端是鹹味，學習「品嘗」食物。

子ども食堂（孩子食堂）

最近在日本極力倡導減少「孤食」（晚餐時家裡沒有大人，孩子單獨隨便吃），避免孩子一個人孤單地吃晚飯。或是「個食」，指雖然同桌吃飯，卻各吃各的——阿公吃稀飯、哥哥吃漢堡、姊姊減肥吃沙拉、媽媽吃昨夜的剩菜。

在台灣，孩子們放學後去安親班，還有阿公、阿嬤幫忙帶孫子，也許孩子比較少有單獨吃晚餐的寂寞。

日本各地出現了「孩子食堂」，是善心人士為了避免孩子「孤食」而設立。住在附近的孩子或大人都可以自由來用餐，就像在家裡一樣，一起煮、餐後一起整理。費用約一百日圓，等於三十塊新台幣，當然不敷成本，收點意思而已。主要目的，是想讓雙親必須忙於工作的孩子們，也能享受餐桌的溫情。附近有農家或超市的話，還會不時送來免費的新鮮食材。參與孩子食堂的人們，很像慈濟志工回饋社會的方式，但是並沒有特定的宗教信仰。

現代社會裡，有錢幾乎什麼都買得到，但是人情溫暖與被關懷的心是無價的，同時也是每個人只要願意付出、都有能力做得到的。孩子食堂提供的是料理以上的溫情。

3 日本的食器

世界無形文化遺產的和食，是「目で食べる」（用眼睛吃），滿足視覺的享受。崇尚的概念，是能在餐桌方寸間感受四季風情。和式食器種類琳瑯滿目，形狀不同、用途相異，隨季節變化運用不同的設計，讓人愛不釋手。

和式食器很生活化，宛若把傳統藝術帶進每天的生活中。像是喝味噌湯就用漆碗或木碗，別緻又方便。日本食器美得像擺設在博物館裡的歷史文物，讓人捨不得用。仔細想想，倒也名副其實，因為日本食器本身就是傳統器皿，一直被保存下來，隨著時代變遷，運用現代科技大量生產，製造出符合現實日常生活可以使用的器皿。

用自己欣賞的碗盤，讓每餐都吃得很有意境，讓自己開心。我最近發現，有時煮的東西其實不是很好吃，可是放在美美的和風小缽裡，度假風的木盤，或是大大的盤子裝少少的，兩位小兄弟加一名大人都會被我魚目混珠呢。

日本最常用的食器，大致是瓷器和陶器。瓷器就是China，用高溫燒製而成，不容易破，敲起來會有清脆的聲音，像是「有田燒」。陶器是用陶土低溫燒製，比較會破，敲到容易缺一角，用手指輕敲會發出低沉的聲音，著名的有「益子燒」。

我的最愛：備前燒

我特別鍾愛陶器中的「備前燒」，用火炙燒而成，每件作品都會呈現不一樣的圖案，並帶種樸實感。粗糙的觸感，能感受到不刻意雕琢的瀟灑。杯子包著乾燥的稻草去燒，呈現細長紋路。握著備前燒時，似乎可以感覺到曾被稻米包裹過的溫度，比一般杯子的化學釉藥多了食物的記憶。

日本人結婚的時候，必須替來賓準備「回禮」（引き出物），好禮尚往來。杯盤食器很熱門，選擇很多，主要分為和式及西式。當初我選擇在明治神宮舉辦婚禮，所以回禮挑了和式食器「備前燒」對杯。因為用火燒出來的每個杯子都有不同

在家變不出什麼花樣時，就換餐盤。
兩兄弟喜歡這種竹便當風的。

的模樣，不會千篇一律，每位嘉賓都可以收到不同模樣的備前燒。我自己留了一對當漱口杯，刷牙時特別有意境。

夏天的清涼玻璃碗盤

到了夏天，我會把「切子」的杯子和碗盤拿出來用。「切子」指的是玻璃，炎熱夏日用時，會帶來清涼的感覺。偶爾發出清脆的聲響，宛若餐桌上的風鈴。「切子」通常有顏色，如寶藍、橙黃、粉紅等，看起來更是開胃。最重要的是，洗完不像一般玻璃杯會留下明顯水痕，得要用布擦才會亮晶晶。東西漂亮也好照顧，才會深得我心。

北海道的「小樽」有許多漂亮的玻璃製品，每次去都強忍著別再添購杯子碗盤，第一是很難帶回去，第二是櫃子放不下。最後，買了條項鍊打發自己。

「切子」最有名的是「江戶切子」和「薩摩切子」，江戶是東京地區的舊名，薩摩是現在的鹿兒島。「江戶切子」是傳統工藝品，以前的庶民拿來當日用品，玻璃比較薄，雕刻得比較深。「薩摩切子」較常拿來當禮物送人或鑑賞用，玻璃比較厚，銜接的部分有漸層的模樣。

木製手工食器的溫暖

每次在「雜貨屋さん」（雜貨店），我常會站在秋田縣產的「曲げわっぱ」（曲物）便當盒前許久，很想捧起來摸一摸，感受天然杉木的溫暖。它不會摔破又很迷人，只是相當纖細，不耐熱又怕潮溼，很是脆弱。

我常凝視、佇足不前，心中發起，從今以後要天天做便當給自己吃的宏願。不過，這幾年我大多在家裡工作，只能把午餐裝進「わっぱ」便當

豆知識

日本食器分類表

在日本逛街時，常會看到食器的出產地和名稱，有時比較難分得清楚。我簡單整理表格，讓大家有基本的概念，用半收藏的理由買得更光明正大、心安理得！

類別	代表	特色說明
陶器	益子燒（栃木） 備前燒（岡山） 唐津燒（佐賀）	低溫燒製 易碎
瓷器	有田燒（佐賀） 九谷燒（石川） 瀨戶燒（愛知）	高溫燒製 比陶器不易碎，輕敲時有金屬聲
漆器	津輕塗（青森） 會津塗（福島） 輪島塗（石川）	漆是塗上去的
切子	江戶切子（東京） 薩摩切子（鹿兒島）	玻璃
竹細工	別府竹細工（大分）	竹子工藝品
木工品	曲物（秋田）	天然杉木工藝品（便當盒等）
鐵器	南部鐵器（岩手）	茶壺

盒，拿去外面找張椅子坐著吃，或是在自家餐桌上吃。可行但好像不會持久，想想就放棄了，看看欣賞就滿足了。

厚重樸實的南部鐵器

南部鐵器最近很熱門，繼法國鑄鐵鍋的風潮後，許多來日本的觀光客都會帶一壺回去，雖然很重卻心甘情願。現在不流行飯鍋、水波爐、吹風機，改為崇尚品味的南部鐵器。

我也跟人家趕流行，去買了一隻南部鐵器茶壺，花了好幾個月的時間到處去比較，想找到最適合自己、看得最順眼的那一只壺。用了之後，發現裡面很容易生鏽，必須好好保養。於是我決定把它放到和式房間的櫃子上，擺著純欣賞比較實際。

高尚黑紅漆器分男女

不會破的「漆器」，感覺傳統又高級，常出現在我的餐桌上。當年孩子還小時，不能用容易打破的碗盤，但我又不想設限委屈，天天用IKEA的塑膠

南部鐵器。

碗，漆器就是最好的變化解答。

我們家的味噌湯碗只有四個，分大人和小孩，男生和女生。常見的紅色和黑色漆碗，其實是有不同含意的。紅色是把拔的，黑色是我的。並不是我們家比較另類，在日本，黑色是女性用的，朱紅色是男性用的。我曾經追問過理由，但知道之後卻讓我想當作不知道：因為女性要黑色內斂，襯托出男性的偉大。

剛結婚時，我家日本把拔，一直默默地用康寧大碗公喝著料比湯多的味噌湯。有一天，他跟天公伯借膽，鼓起勇氣小小聲地問：「可不可以買『味噌湯碗』？」

我冷冷地問他：「什麼叫做味噌湯碗？我們家不是有喝什麼湯都可以用的康寧大碗公嗎？」

「我想要用漆碗，要不然，木頭的也可以。」他小小聲地說。

我聯想起日本料理餐廳用的漆碗，很別緻風雅。見他很誠懇地要求，平常又不曾挑剔過什麼，於是當場就批准了。不過，他當然不敢跟我計較誰用紅的、誰用黑的。

江戶切子是東京地區的傳統玻璃工藝品，我喜歡在炎炎夏日拿出來用。

和食的左左右右

和食的菜色和擺放位置是有規定的，哥哥的教科書上寫著：「一汁三菜」和食的標準擺放位置是：湯在右、飯在左；主菜在右上，副菜在左上，中間擺漬物。「箸置き」（筷架）是放筷子的用具，放在左側，筷子頭便會朝右。有一種說法是，日本自古以來以左為上位，米為主食，所以擺在左側。

在日本的溫泉旅館旅行，最令人期待的就是晚餐了。我喜歡選擇在自己的房間用餐，整張桌子擺滿了各式各樣的料理，其實每種擺設都是有規定和邏輯的。

吃完收拾的Gentlemen

我很喜歡用托盤，擺設時左右上下很簡單明瞭，飯後收拾也很方便，兩兄弟可以整個裝一份，從飯桌拿到廚房不易打翻湯汁。吃飽飯幫忙收拾是我家的規矩，我從小就跟他們說，這樣很Gentleman，因此他們每天都很愉悅地幫忙。

雖然在幼稚園時手拿不穩，常常「掐掐弄弄倒」，正所謂幫倒忙，但我還是很堅持這個規矩。本質上，這不是「幫忙我」，而是一種教養，努力說服自己，忍耐跪著擦黏黏的地板。

秋刀魚的魚頭朝哪邊？

吃秋刀魚等有頭的烤魚，魚頭要朝左。之前有位政治家，秋天一到，在自己的臉書上放了張秋刀魚的應景照片，卻因魚頭沒有朝左而貽笑大方。我看到新聞時，不信邪地谷歌一下秋刀魚的照片，果真上百張的照片，不論是秋刀魚獨照、和其他菜合照、手繪的，魚頭一致朝左，像是大家事先說好的一樣。

我很驚訝地記取經驗，自己千萬不要犯下這類的錯誤。常分不清左右、開車時會弄錯的我，努力想辦法記起來。因為大部分的人都是用右手，所以魚頭朝左，從魚頭吃到魚尾比較順。這和擺筷子的用具放左邊是同樣的道理，用右手拿起筷子比較不會卡卡的。

後來，我出去吃飯時，常常會像糾察隊長一樣，看看魚頭朝哪邊。到目前為止，真的全都是朝左。

4 買東西的高手

我在日本很喜歡買東西，買東買西，到處買。家附近有五、六家超市，每天隨心情去不同家買，漸漸買出一些小心得。每當台灣朋友來訪時，必逛的景點就是我家附近的超市，分享我知道的在地小知識，順便吐一下苦水：像是青菜、水果種類少少的，一把蔥、一小盒番茄都貴森森，等等。

賞味期限和消費期限

買東西最重要的是看期限。日本大致分兩種：賞味期限和消費期限，兩者不太相同。「賞味」顧名思義，就是品嘗味道的最好期間，換句話說，超過一、兩天吃也沒關係，只是比較不好吃而已。

日本的廠商在訂期限時，大多抓百分之八十，意思是若一包餅乾一百天才會壞掉，廠商會標示八十天。一月一日製造的餅乾，其實可以吃到四月十日，但是包裝上會寫三月二十日到期。

至於「消費期限」，就必須大大留意，超過就不行。短期間、五天內得吃完的東西，必須標示「消費期限」，像是便當、麵包、甜點等。便利商店的御飯糰、三明治，超過標示的消費期限，就不能吃了。

營養成分標示

最近這幾年，我很喜歡看包裝。以前只在乎包裝好不好看、漂不漂亮，後來拿在手上，才發現背後其實有很多值得參考、非常有價值的數據和資料。

雖然我們家沒有過敏兒，但是兩位小兄弟正值發育期，尤其是哥哥，處在身高的成長黃金期，因此營養成分標示，是我買東西一定會參考的數據。二〇一五年四月一日起，日本新的〈食品標示基準法〉主要規定有六項：熱量、蛋白質、脂質、碳水化合物、食鹽、鈣質。其中我最在乎的是蛋白質，因為蛋白質是骨骼、肌肉、血液、酵素、賀爾蒙的主要成分，也是構成和修補體內細胞與組織的主要原料。

比方說，我選布丁時，通常會買烤布丁，大約有六點五克的蛋白質，跟一

「燒布丁」不是熱的，是烤的意思。不是燒仙草的燒。

般布丁相比，高出許多倍。蛋白質對成長期的孩子很重要，即將步入中年的人也必須攝取，避免肌肉鬆弛老化。

鈣質的含量是我關注的焦點，以牛奶為基準，一杯兩百克的牛奶大概有兩百單位（毫克）的鈣質。看到木棉豆腐、「厚揚げ」（油豆腐）的鈣質含量，就會很想買來煮，因為跟一杯牛奶不相上下。

我最得力的鈣質小幫手是櫻花蝦，第一次看到營養標示時，我還揉揉眼睛，確認自己沒有看錯！十克櫻花蝦就有兩百單位（毫克）鈣質。其實是因為櫻花蝦是乾貨，去除水分後，營養密度會增加。住在這個沒有肉鬆、魚鬆的國家，我便用奶油炒櫻花蝦，當成蝦鬆來吃。每次看到兩兄弟光是白飯加櫻花蝦鬆，一大口一大口吃，我眼前彷彿出現後製的字幕，兩百單位、兩百單位，幻想鈣質小子們開心地跑進他們的身體裡，看得我也開心得合不攏嘴。

「有機的」

有一次，在台灣美容院洗頭髮時，碰到一位在台中大坑路邊賣番茄的阿嬤。她說擺了一天都沒賣掉幾個，一氣之下，用麥克筆在紙板上加了「有機的」三個字，十元加一劃變四十元，兩三下就賣光光。她露出金牙，笑到眼睛都瞇成一條線。

店內的婆婆媽媽們聽了哈哈大笑，我雖然內心嘀嘀咕咕，譴責這種欺騙消費者的行為，但也不好說出口，告誡自己以後盡量不要買路邊的。在日本，沒有人在路邊擺東西賣，所以我每次回台灣都特別喜歡買，覺得很懷舊、有人情味。

有位短短捲髮的阿嬤大聲歸納：「就是說啊，那個有機的都馬是騙人的啦。」一說完，大家便相繼應聲附和。阿嬤的「自

豆知識 條碼的祕密

我們家兩兄弟，被我傳染到喜歡看包裝背後的習慣。有一天，弟弟用一副柯南的口吻問我：「小蘭姊姊，你知道這排數字的意義嗎？含有什麼樣的線索呢？」

我記得四組號碼，第一組是國碼，正要開口時。我們家的柯南說：「我已經破解了。四組號碼依序是國碼、製造商碼、商品碼、檢查用碼。哈哈哈！哇，這99858餅乾真好吃。」

「你想吃45號國的薯條三兄弟，還是471號國的乖乖？」我拿出私藏已久的寶貝問他。

標準的JAN條碼有13個數字。

猜猜看這排號碼是什麼產品？直接上網輸入，答案就可揭曉。

49	01085	16178	4
國碼	廠商	商品	檢查碼

＊註1：日本國碼是45/49，台灣是471。

＊答案：4901085161784是日本伊藤園焙茶。

慢」透露出台灣對有機的迷戀——有機的比較好，沒農藥。

在日本，並沒有特別迷信有機的東西，不過要獲得有機認證並不容易。二〇〇一年開始，日本的JAS（Japanese Agricultural Standard，日本農林規格法）對有機的定義有嚴格規定。有機農產品必須經「農林水產大臣」認可，才能在包裝上印有機的標示，表示該作物是三年以上沒有使用化學農藥、化學肥料或是化學土壤改良劑。

弟弟和我去買菜，指著蔬菜問我：「什麼有機的？」我解釋之後，他又問我說：「那無機的呢？」

「特別栽培農產物」

有時會在超市看到標有「特別栽培農產物」的香蕉，聽起來好像很厲害，但其實還是有用農藥和化學肥料，只是劑量減少到百分之五十以下。相較之下，還是有機的比較沒有農藥。

根據我自己種菜的粗淺經驗，那真的是一部和蟲蟲對抗的血淚史。剛長出來的菠菜嫩葉一下子就被咬掉一圈，整片吃光也就算了，偏要這一片、那一片，每片葉子都有小洞，很少有葉子可倖免。我記得以前養蠶寶寶很乖，都會吃完整片桑葉，不會這樣吃相不佳。

好不容易長出來的可愛小草莓，鮮紅欲滴，本想等大一點再採收，隔天竟不知被哪裡來的壞蛋先下手了。我曾一時衝動地說：「我要去買農藥，看誰厲害！」但是，為了維持我小小的有機菜園，最後還是忍氣吞聲作罷。這才體會到，種菜堅持不用農藥，真的需要有高尚的情操和把持力。

5 食物過敏

日本的產品包裝上，有義務標示七大特定食材：小麥、雞蛋、牛奶、蕎麥、花生、蝦、螃蟹。我以前並沒有太注意過敏的嚴重性，直到碰到許多朋友的親身經驗談，才知道自己很幸運，沒有過敏的顧慮。

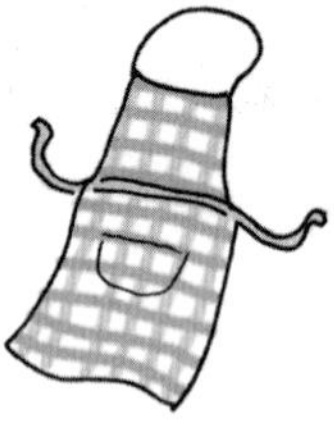

學校過敏調查

日本對過敏很謹慎，由於小朋友在學校吃營養午餐，校方必須掌握每位學童是否有過敏的症狀。有趣的是，小朋友們都知道哪位同學對什麼東西過敏，隨時提醒。

弟弟二年級的時候，問我他有沒有對什麼過敏，我回答沒有。他有點失望，不死心地追問：「本当に（真的嗎）？你再想想，真的沒有嗎？」大概是小朋友覺得有過敏比較特別、比較酷？

我跟他說要謝謝老天爺，讓家中兩位小兄弟都沒有過敏。比方說，若有一位對蛋過敏，那麼炒過蛋的鍋子就不能直接炒別的，否則會有引發過敏的隱憂。對蛋或牛奶過敏的話，真的很棘手，孩子可憐、媽媽辛苦，連麵包都必須自己做。

兩位小兄弟的朋友來家裡玩，我請他們吃東西之前，一定先問過家長。

過敏攸關性命

我有位住在美國的台灣同學阿文，過境日本機場時，兒子突然有異狀，緊急送醫檢查，發現是對花生過敏，導致呼吸困難。聽了她這驚心動魄的經驗，才讓我知道過敏這件事非同小可，是攸關性命的。

阿文並不知道兒子對花生過敏，但當時並沒有給他吃花生之類的餅乾，應該是在遊戲區玩的時候，有小朋友不小心把花生的屑屑掉到地上，阿文的兒子在地上爬，不小心吸入氣管所致。

麩質過敏

但過敏最棘手的是，小時候沒有，長大後不一定不會有。

我有位四十歲的西班牙眼科醫生朋友，長得又高又性格，會畫畫、會跳舞，生活似乎沒有什麼太大的壓力。

有一次，約在巴塞隆納的咖啡廳吃早餐，我發現他只點一杯果汁，沒點麵包。他看著我的牛角麵包，露出迷人的微笑說：「看起來好好吃。」接著，他很有型地拿出包包裡的麵包，看起來不太好吃，「我吃這個。」

我嚇了一跳，心想西班牙不知道有沒有禁帶外食，長這麼帥的人怎麼會有如此歐巴桑的行為。為了省錢嗎？可是，剛剛我的早餐錢是他付的耶。

他大概讀出我的困惑，陽光般的微笑閃過一絲陰影，緩緩地解釋說：「幾年前的某一天，吃了麵包後，突然肚子痛不舒服，經過檢查才知道對『麩質過敏』。」

突然有一天？真是太可怕了！還好他不是我兒子。

6 食物中毒與食品安全

煮菜最怕讓人吃壞肚子，最恐怖的就是遇上食物中毒。病菌繁殖有三條件：溫度、溼度和營養。大致來說，攝氏三十到四十度之間，是最容易繁殖病菌的，含水、蛋白質、胺基酸、糖分、維生素等的營養環境，是病菌的溫床。

我有一個醫學博士朋友小伶，她自稱有「水槽強迫症」，任何用過的餐盤、碗筷、杯子等，一定馬上洗乾淨。原本只覺得她很賢慧，後來才聯想到，吃過飯擺放餐具的水槽，有殘留的食物，頗具營養，加上有水、室溫三十度以上，那真是萬事皆備，連「東風」都不欠，細菌喜孜孜地繁殖，整個水槽不就都是細菌。

我還有位台灣的萬能主婦朋友阿亮，她洗完碗筷、水槽後，會用抹布擦乾，不留水痕。她的日本婆婆說：「每次你都清得這麼乾淨，讓我都不好意思用了。」我立刻讀出朋友的心裡話：「對，就是希望你不要用。」

細菌和病毒

我們常聽到的沙門氏桿菌、金黃色葡萄球菌等，若是進到食物裡被吃下肚，會造成細菌性食物中毒。病毒類的像是諾羅病毒、A型肝炎病毒等，是在人體內增殖的。

諾羅病毒會讓人發高燒、拉肚子，我家中獎過一、兩次，只好將家人分成兩組：我和中獎的住家裡，把拔和另一位倖免的住旅館幾天。與其全家四個一

日本關於食的法律

日本有許多跟食品相關的法律，像是食品標示法、JAS法、食品衛生法、健康增進法、贈品標示法（禁止不當的贈品及標示）、食品安全基本法、製造物責任法（PL, Product Liability）、牛隻追溯追蹤法、米穀類追溯追蹤法。

嬰幼兒的玩具同樣歸「食品衛生法」管理，因為常會被拿進嘴裡咬的關係。其他還

涵蓋了戴奧辛等環境賀爾蒙問題、食品添加物、農藥殘留、包裝容器等，以及是否使用「基因轉殖作物」（GMO, Genetically Modified Organism）的農產品等規章。

基因轉殖作物

弟弟吃洋芋片，在包裝上看到「遺伝子組換え農作物使用しない」（不含基因轉殖作物），好奇地問是什麼意思？基因轉殖過，聽起來不是比較優嗎？

在日本，有八種原料有義務要標示是否有使用基因轉殖作物：馬鈴薯、大豆、甜菜、玉米、菜種、棉實、苜蓿、木瓜。因此，我買豆腐、醬油、玉米罐頭時，會特別留意標示。

基因轉殖作物，原本是為了要解決世界上荒飢地區食糧不足的問題。經基因轉殖的品種，在貧瘠的土壤中也能生長，有強大的力量對付害蟲、雜草。

但是，基因改造過的農作物，是人工製造出來的生命，會對生態界的平衡造成影響，同時有食品安全的顧慮。因此，日本政府規定廠商，有用和沒用基因轉殖的農作物，都要明確標示，讓消費者知道自己買的是哪一種。

弟弟聽了，燃起求證的精神，叫我帶他去超市，他想要找一找，有沒有什麼東西是使用基因轉殖作物的。不過，到目前為止，我在日本超市幾乎沒看過有標示「使用基因轉殖作物」的產品。

食品安全不只是政府、社會要立法規範，為人民提供保障，我和孩子們自己也要學會看標示，出門買東西，建立理性的篩選標準，選擇適當的食物，保護自身和家人的健康。

＊資料來源：《食生活講師手冊》，財團法人ＦＬＡ協會。

起病倒，不如確保「健康組員」無礙，補充物資、以便支援。

動物或植物本身也會帶有毒素，像是鼎鼎大名的河豚、毒菇、發芽的馬鈴薯等。發芽的馬鈴薯是考驗人性的時刻，常常買了忘記吃，翻到時已經冒出綠綠的嫩芽。

我常拿在手上注視，這麼小的芽，有沒有關係呢？但是良知戰勝，一發芽就不能吃，不需要冒風險。根絕的辦法就是，要煮的時候再買，不要先買來備用。「也許突然想煮咖哩時就可以用？」、「放學後若沒東西吃，可以烤個奶油馬鈴薯。」我杜絕這些想法，不要貪圖一時方便，而得面對要不要扔的掙扎。浪費食物，浪費金錢，浪費體力提回家，浪費冰箱或廚房空間。

比起常見的發芽馬鈴薯，吃到河豚的機率就少了許多。當然，最保險的辦法就是不要吃。但對我來說，這是辦不到的，因為河豚實在是太美味了。常在吃河豚大餐時心想，我的人生最愛是「カニしゃぶ」（蟹腿火鍋）還是河豚呢？河豚生魚片、魚皮柚子醋、彈牙的肉質，真是催魂的極致美味。

在日本，料理河豚一定要持有專門的執照。所以我固定去幾家

河豚生魚片的美味，令人難以抗拒。

信任的店，以免小命不保。只是到目前為止，我從來沒帶孩子去吃過，心裡還是會怕怕的。既然沒有非吃不可的必要，就不特地去冒這個險。況且，大人覺得美味的河豚，對孩子們來說，可比不上牛排。

黃麴毒素

不過，形象平易近人的「花生」，其實也可能含有微生物性的黴菌毒素。一般接觸到的機會非常多，像是小朋友喜歡的花生厚片、花生餅乾、花生糖、配啤酒泡麵的辣小魚花生、飯後來一碗的花生豆花等，因此必須特別小心，選擇信用可靠的產品。

黃麴毒素被國際癌症研究機構列為一級致癌物，有很強的肝毒性。症狀是嘔吐、腹瀉、痙攣。其實除了花生，玉米、米、小麥等穀物類或豆類，潮濕溫熱加上衛生條件不佳的長時間儲存環境，都有可能因黃麴菌在穀物豆類上生長後產生的黃麴毒素所污染。

化學性毒素如砒霜、農藥、水銀等，聽起來就令人毛骨悚然。在明爭暗鬥的宮廷劇中，多少會出現一次，誰毒殺了誰的橋段。現代的社會新聞，偶爾還是有這類不勝唏噓的慘事。食物原本是拿來

高蛋白質低脂肪的蟹腿火鍋。
因為已去殼，所以可一口滑下整隻飽實鮮美的腿肉。

享用的，被濫用成傷害別人的工具，實在令人心寒。

預防食物中毒：「熱湯」消毒

從「奶瓶時代」起，我就很喜歡用「熱湯消毒」，意思是用熱水煮沸消毒。日文的「熱湯」是熱水的意思，跟吃飯喝的湯沒有關係。我在餐廳想要杯熱水、或是煮日本泡麵時，用的是「お湯」這個字。

我喜歡在洗碗之前，先煮好一大壺熱水，像是會碰到嘴巴的湯匙、筷子，以及料理工具菜刀、砧板等，一定用熱水燙過。尤其是切過生肉、魚的工具，熱水消毒後便安心了。最令人愉悅的是，怪味道都不見了，廚房的空氣很清淨。最重要的是，不需要用大量的洗碗精，造成殘留的顧慮。

小朋友每天帶的水壺，直接接觸到嘴巴的部分，要特別留心清洗。最近有種新的泡泡洗碗精，專門用來清潔不易刷到的細溝或邊邊，像是水壺或便當盒等。大人們最近流行的魔法杯或魔法瓶，裡頭有橡皮固定環，拿起來洗一洗，一定很有成就感。

我用來喝拿鐵的Dean & Deluca保溫咖啡杯，喝了幾次覺得有怪味道，轉開杯蓋內圈、拿下橡皮固定圈，結果看到很驚人的倒胃口景象，趕緊刷洗一番，燒熱水徹底燙過消毒。

預防中毒的基本三大原則

預防細菌性食物中毒有三大原則：清潔、迅速、加熱。煮飯前把手洗乾淨，可以避免沾染細菌，吃飯前及放學一回家，馬上把手洗乾淨，杜絕跟著自己回家的細菌。

把東西迅速冰進冰箱，攝氏五到十度是細菌不易孳生的環境，以便保持食物食材的鮮度。煮好的料理，像是咖哩等，千萬不可以常溫下放隔夜，會孳生「產氣莢膜梭菌」，造成肚子痛與下痢。充分加熱可以殺死大部分的細菌，湯一定要滾到沸騰，魚肉要確認中間是不是有熟透。

冷凍時，我會將食材分裝成單次包，因為解凍過後的東西，不能冰回去，會增加細菌繁殖的機率。最近，我使用可以微波的冷凍保鮮盒，中午一個人時，拿來直接加熱剛好一人份的咖哩，熱好之後把飯放進去，就可以吃了。把要洗的東西減到最少，只需要洗一個保鮮盒和一雙筷子就好。

7 天然的輕鬆打掃法

「馬上丟」、「馬上洗」心法

維持廚房小天地的整潔乾淨，最大的目的是確保食品衛生，但其實也是支持在家煮飯的動力。整個流理台乾乾淨淨，空出很多位置，一看就會很想下廚煮飯。若是堆滿餐盤、地上一堆雜物，通常就會直接放棄，抓起鑰匙出門去巷口買便當。

以前我很常直接放棄，但是住在出到巷口沒有麵攤、自助餐的國家，只好先乖乖收拾完畢，再愁眉苦臉、心不甘情不願地煮飯。

直到回台灣考中餐廚師執照，補習班老師千叮嚀萬交代，一邊煮要一邊收，因為評審會在料理過程中巡視，檯面上不可以有多餘的東西。也就是說，煮完六道菜之後，料理台同時收拾乾淨。記下了這個「馬上洗」的心法後，開始在日本家中逐步實行，把菜端上桌時，流理台也已經乾乾淨淨，鍋子鏟子都

洗好了。

接著吃完飯後，只要洗碗盤就可以了，看起來便簡單許多，比較不會生「等一下再洗」的邪念。等一下洗或是隔天洗，就會變成不想洗，結果更難洗。尤其是蛋類或沾有醬汁，隔天會硬掉，要花雙倍的工夫才洗得掉。若是先浸水，會構成孳生細菌的絕佳條件，有害健康。

自稱「水槽強迫症」的小伶，她來我家吃飯喝茶，看到流理台有還沒洗的杯子，就立刻處理。吃完飯，我西瓜都還沒拿出來切，上個洗手間，轉個身，她就把流理台的所有碗筷都洗好了。

「馬上洗」其實是最有效率、最衛生的心法，只是要忍住、按捺住很不想洗的念頭。

天然打掃用品

這幾年來，日本很流行天然打掃法，盡量不要用很強的化學清潔劑，對自己和家人身體不好，對環境造成傷害。

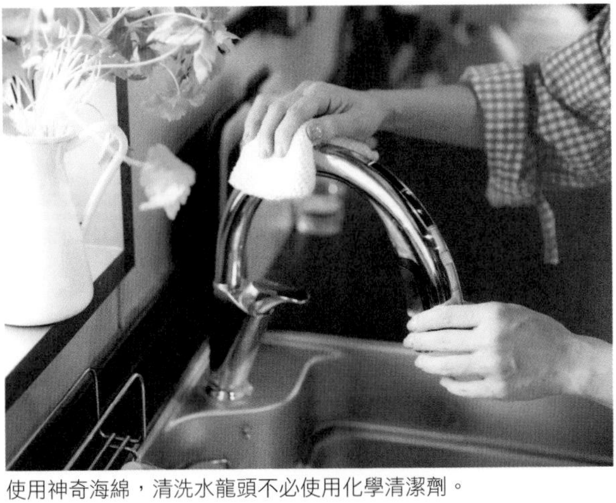

使用神奇海綿，清洗水龍頭不必使用化學清潔劑。

神奇的小蘇打粉

小蘇打粉的日語叫做「重曹」，聽起來一點都不可愛，有種功效很強大的感覺。這幾年，在日本超流行用小蘇打粉刷洗鍋子、除去臭味，獲得青睞的原因是「天然的尚好」。我常在家裡DIY，在玻璃小瓶子放入幾匙小蘇打粉，滴上喜歡的精油，可除臭又芳香，一石二鳥。

檸檬酸（クエン酸）

檸檬酸是一種很環保的清潔劑。熱水瓶定期用檸檬酸，可以分解水垢。長久卡太多水垢，熱水喝起來就會有怪怪的味道，拿來泡高級的茶或咖啡都會原味盡失。因為檸檬酸是酸性，所以對鹼性汙垢很有用。水垢基本上是自來水中的鈣質和其他礦物質所形成，一般清潔劑較難去除。

我愛用的百慕達電熱壺，最近喝起來有點味道不純，於是我諮詢產品服務中心，不知道有沒有什麼神奇方法可以處理。結果，客服人員請我用檸檬酸洗淨，這和我清洗熱水瓶或加溼器一模一樣。方法是水加檸檬酸洗淨後煮沸，擱置一小時，倒掉，再用清水煮沸一次。

其他讓我困擾的水垢，像是浴室的鏡子，用檸檬酸就解決了。我洗完碗或洗完澡後，擦乾浴室地面或是流理台的水滴。每餐過後有把碗洗乾淨，不留置在流理台，就給自己拍拍手了。

神奇海綿

我家有一塊很神奇的海綿，可以把水龍頭擦得亮晶晶的，完全看不到水垢。花不到五秒鐘，不需任何化學清潔劑，只需沾水就可以了。

我每天刷牙、洗澡、洗碗後，一定會用神奇海綿把水龍頭擦得亮晶晶，感覺自己也亮了起來。光亮的水龍頭讓我精神百倍。就像是去住旅館，水龍頭一定是亮晶晶的，我不禁懷疑他們是不是也用了一樣的神奇海綿。

超級筷子：一雙免洗筷掃全家

最近免洗筷很不受歡迎，因為有大量漂白的疑慮。但是，全部拿去丟掉就可惜了，可以來個廢物利用，搖身一變成為打掃的好幫手。之前有位日本藝人出過一本神奇棒打掃書，非常暢銷，說穿了就是竹筷子綁衛生紙。

家裡最難清理的莫過於「邊邊」，像是瓦斯爐的邊邊、地板的邊邊、窗戶的邊邊和溝槽。吸塵器或是掃地機器人涵蓋不到，頂多把灰塵掃到邊邊。這時，免洗筷前頭包上衛生紙，用橡皮筋綁好，便可大顯身手。必要時還可以加一點水，一下子就把家裡所有的邊邊都掃乾淨了。

親子打掃法

我們家兩兄弟很喜歡用免洗筷打掃，基本上男孩子對長長的、類似劍的東西，都有莫名的好感。掃邊邊不需要技術，直直劃過就好了。這些邊邊通常都很髒，直直一劃過去就會黑黑的，讓小朋友有很強大的成就感，繼續找下一個邊邊來清。

我本來要「自慢」一下這個聰明的小撇步，但哥哥跟我說，小學六年級的家政教科書裡，有教如何用舊衣服或是竹筷子打掃。我不相信拿來一翻，果真白紙黑字把用筷子打掃的步驟寫得清清楚楚。除了打掃，還有收納、縫釦子、料理等實用的內容。

我突然覺得，這本家政教科書是日式人生幸福手冊。

讓人生更幸福的打掃本領

若每個人在小學五、六年級就熟練這些內容，出外念書時就能獨立自主、懂得照顧自己，婚姻家庭生活也會減少摩擦；女生該學，男生更該好好學。脫下來的襪子亂丟，因為穿了一天的襪子累積了無數的細菌和種類，媽媽從地上找出來或撿起、拿到洗衣機，手上會沾到多少細菌。順便出個乘法計算題：

若媽媽每天要從家中各處找出三雙臭襪子，花五分鐘走到洗衣機，一年共需多少時間呢？請四捨五入用小時作答。（答案是三十個小時。）

把家裡打掃乾淨這個使命和桎梏，牢牢套緊了主婦們。單身可以隨性，但是家庭的結構是共居，維持某種程度的舒適，變成了每天的日課。若是過分要求自己，漸漸造成無形的壓力，一天到晚一直刷刷洗

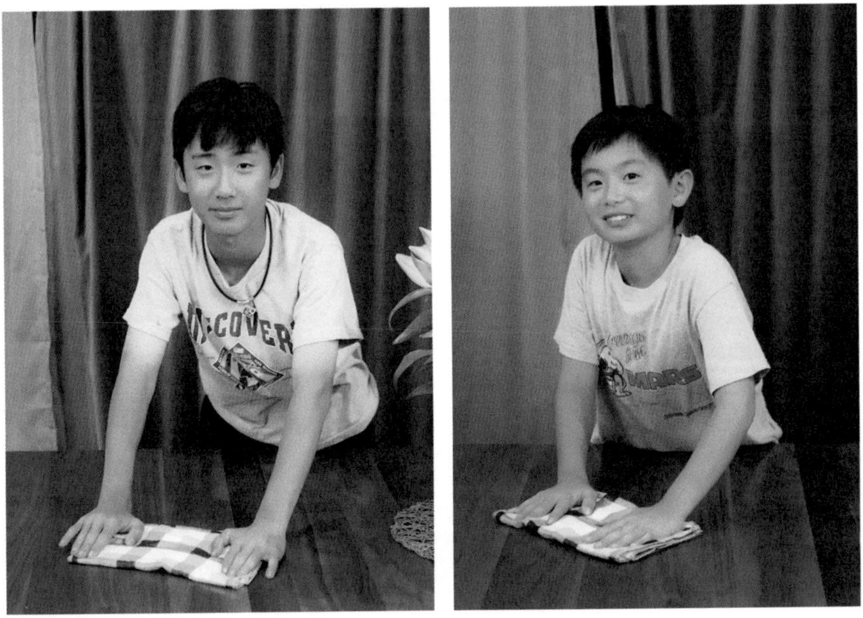

我們兩個每天輪流擦桌子，有圖為證。

洗，把鍋子刷得雪白、家中清理得一塵不染才罷休，日子就會越來越難過——當然，假如樂在其中那倒也無妨。選擇小蘇打粉、檸檬酸等對環境不造成負擔的清潔劑，將吃飯用的免洗筷變身好幫手，用聰明有效率的方法來解放自己。

打掃到什麼程度才算夠呢？只要沒有衛生上的問題，剩下的讓自己開心、家人舒適，有點亂亂的也沒關係。畢竟，「自然的尚好」。把時間空下來給自己、陪孩子說話，維持愉快的生活品質，是讓自己和孩子的人生幸福的關鍵。

8 零剩菜主義

從廚房開始的Only One斷捨離革命

最近這幾年，近藤麻理惠倡言的斷捨離，吹起了一股收納風。

人生到了一個階段，東西會越來越多，但是購買的慾望還是沒有減少，於是逐漸變成生活在一堆東西裡。

上一輩的人惜福，家裡堆放著足以開店的物品。便宜不貴的杯蓋可以一口氣買五十個，卻又捨不得用。名牌的包包、鞋子，因為捨不得穿而開始掉皮屑，鞋子一穿跟就斷了。

不只是用的物件，吃的東西也因為捨不得而一直放，放到過期，最後不得不丟掉，或捨不得而吞下肚。有事的時候，就沉默地吃個胃腸藥了事。

東西早晚都會壞，為什麼不趁最新鮮的時候早早享受？

長輩給我的警世作用，讓我漸漸變成零剩菜主義的信徒。

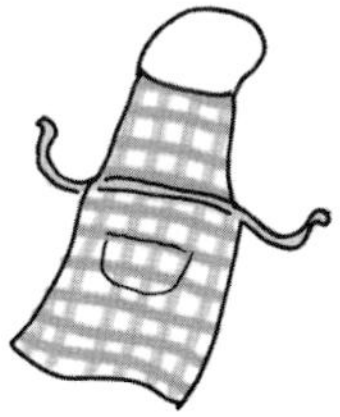

我盡量每餐的份量都剛好，沒有隔餐菜。不用費工夫把沒吃完的裝入保鮮盒，省下冰箱空間，杜絕不悅的味道。保鮮盒沾到油，其實不好洗掉，要用許多洗碗精，傷手又會有殘留的顧慮。說真的，冰過的菜看起來就不好吃，讓人食慾大減。

一勞永逸的方法是，一開始就不要煮太多。與其少也不要多，八分飽是藝術，讓家人意猶未盡，會覺得煮的菜好好吃。餐後用水果補足飽腹感，大人可多喝幾杯熱茶。

每餐煮其實比熱隔夜菜費不了幾個工夫，打開冰箱，神清氣爽，沒有異味是件美好的事。沒有被塞到角落被遺忘的保鮮盒，悲慘地一步步邁入發霉的命運。專家說，冰箱約六分滿，才能保持最佳功能。

Only One主義

我的廚房天地裡，除了履行零剩菜主義，最近執行Only One主義。

所謂的Only，是指東西只有一個，唯一的一個，也是最喜歡的那一個。

舉例來說，我只有一個馬克杯和一支木湯匙。這個馬克杯是我去百貨公司看了三次，最後才下手買的；木湯匙是手工製的，摸起來很舒服，造型圓圓的很可愛。

乍聽之下似乎不可思議，但仔細想想，人應該不可能一邊喝咖啡，一邊喝烏龍茶、牛奶麥片、杯湯等，所以邏輯上，一個人一個馬克杯就夠了。

Only One這個發想，來自我一位日本建築師朋友。初次見面時，我精心挑選了一個土耳其藍的馬克杯送他，他笑笑跟我說，他家裡只有一個馬克杯。我原先覺得不可思議，後來仔細想想，邏輯上並沒有任何缺陷。只不過我很在意，我送他的馬克杯，最後的命運不知道如何？

很多馬克杯，會造成流理台堆了很多沒洗的馬克杯；很多馬克杯，只有「可以等一下再洗」這個好處，但嚴格來講，這有衛生考量的隱憂，並不真的是好處。

一個馬克杯的人生，是輕盈而單純美好的，既衛生、輕鬆、不用收，也不占櫃子空間。頭先會有一些不安，但仔細想想，家裡一定會有膳魔師保溫杯或喝果汁用的玻璃杯等，所以就馬克杯這個項目，一個就夠了。

至於客人用的馬克杯，以前我曾經準備四個，放在櫃子的小角落，畢竟家裡客人很少。後來，我決定改用漂亮的咖啡杯和日式茶杯。

因為我發現到一個事實，自己每天在家並不會用骨瓷咖啡杯，飲品裝不了多少又很怕弄破，若客人來時再不用，那就永遠無用武之地了。我想，身為一只咖啡杯，應該不會只想被擺在櫥窗裡吧。

對作客的人來說，與其用充滿生活感、平庸的馬克杯喝咖啡，也許用漂亮的咖啡杯，Kimochi會更好，更有被招待的愉悅感。日本玉露茶用馬克杯裝有點失色，高山烏龍茶也不適合用馬克杯，要用小茶盞才雅緻。

當我參透了這個道理之後，似乎也沒有留著客人用馬克杯的理由了，雖捨不得，但還是道聲謝謝說Sayonara。「Adios，永別了，我親愛的馬克杯。」

我家的「杯杯成員」便剩下：每人一個馬克杯、一個保溫杯、一個備前燒喝水、一個Bodum雙層玻璃杯、一個梅酒杯。平常主要用的這五種杯子，放在最容易拿到的地方。

客人用的有：熱飲用的骨瓷、白陶咖啡杯各一組、紅茶杯、花茶透明杯、日本茶陶瓷、台灣茶具；冷飲用的有香檳、紅酒、白酒、水杯、果汁杯。

說實在的，杯杯家族一種一個就這樣聲勢浩大了，所以同種重複的，真的不能超過Only One。與其有很多馬克杯拿來喝咖啡、喝花茶、喝烏龍茶、喝綠茶，倒不如用不同杯型盛裝，增加生活樂趣，更有風情。

Only One主義在碗盤間開花結果後，家中的東西盡量維持只有一個，這樣比較不會找不到。書桌文具也是，橡皮擦和尺只有一個，才不會一直弄丟。

最簡單的人生，最自在的生活

我終於領悟了，要捨才會得，捨不得只會給自己添麻煩。假如某樣東西一年都沒用到也沒想起來的話，那就得捨。

我開始在想，人生百態，過於執著放不下，只會徒增煩惱。「放下」何其難，但唯有放下，人生才能瀟灑。唯有放手，家裡才會乾淨舒適，料理這件事才會變得愜意而愉快，長久地持續下去。

食育追求的是一種態度，一種能讓我們身體和心理都健康自在，越來越有福氣的生活方式。

致謝

從上本書《日式教養不一樣》之後，我越來越發現，食育是最重要的教養，便有了這本書的構想。於是，中年女子的我，苦讀考上了日本的食育顧問。

這段期間，然然哥哥進入微妙的青春期，每天忙碌於棒球和功課。

他幾乎都笑笑的，睡覺前會來跟我說「おやすみ」晚安。

我不開心時，會跟我說「ママ、忘れよう」，不要再想了。

當年的悅生寶寶，也不再是稚氣小男孩，成了帥氣的野球少年。

走在外面雖不太喜歡牽手，但偶爾在家裡，還是會坐在我腿上安靜地看書、激動地玩手遊，半夜不知道什麼時候跑來跟我睡。

陪伴他們成長的日子，更加累積我的食育生活經驗。

因為有《未來Family》雜誌和《國語日報》的專欄，讓我定期跟讀者們有互動，鞭策自己要敏銳和客觀地分析日本的趨勢和話題，同時磨練文字和寫作能力。

我是一個普通人，能完成這本書，靠的是身旁的人給我的力量。

謝謝耐心又有效率的總編大人靖卉，帶領近乎完美的出版、設計、行銷團隊，費盡心思地把這本書呈現到最理想。

感謝資深的作家前輩們，特別是王文華大哥，時常給我鼓勵。

「慶玉，我對你的未來，比你對自己還有信心」，他睿智幽默的話，常押韻又對仗，總讓我在低潮瓶頸時，有繼續前進的能量。

感謝住在同一城市的好友，玟伶、蘭桑、志光、亮人、曉穎、小頎，台醫會合唱團的夥伴們，義不容辭地伸出援手，讓我能有時間安心寫作。在蠟燭兩頭燒、三頭燒時，為我吹熄一頭。

感謝住在遠方異國的摯友，曉霖、張文、邱綺，在失落時拉我一把。讓我看到如何亮麗地將生活用不同方式呈現，讓我領悟到人生無需執著，即時放下，活在當下。

感謝那些有緣擦身而過的人，讓我的生命有精彩深刻的故事。

最後，感謝在台灣最疼我的媽媽、姊姊們，和在日本最親的家人，造就今天的我——

平凡、但很快樂，懂得隨時謝謝老天爺。

國家圖書館出版品預行編目(CIP)資料

日本食育師媽媽物語: 天天忍不住要做早餐，日日擁有美好親子晨光/ 蔡慶玉著. -- 初版. -- 臺北市：商周出版：家庭傳媒城邦分公司發行, 2019.11
面； 公分. -- (商周教育館 ; 30)
ISBN 978-986-477-745-7(平裝)

1.飲食風俗 2.親職教育 3.日本

538.7831　　108016447

商周教育館 30

日本食育師媽媽物語：
天天忍不住要做早餐，日日擁有美好親子晨光

作　　者／蔡慶玉
審　　定／劉沁瑜博士
攝　　影／拓克攝影
企畫選書／黃靖卉
責任編輯／黃靖卉
編輯協力／許鈺祥

版　　權／黃淑敏、翁靜如
行銷業務／莊英傑、周佑潔、黃崇華、李麗渟
總 編 輯／黃靖卉
總 經 理／彭之琬
事業群總經理／黃淑貞
發 行 人／何飛鵬
法律顧問／元禾法律事務所王子文律師
出　　版／商周出版
台北市 104 民生東路二段 141 號 9 樓
電話：(02) 25007008　傳真：(02)25007759
blog: http://bwp25007008.pixnet.net/blog
E-mail:bwp.service@cite.com.tw
發　　行／英屬蓋曼群島商家庭傳媒股份有限公司城邦分公司
台北市中山區民生東路二段 141 號 2 樓
書虫客服服務專線：02-25007718；25007719
服務時間：週一至週五上午 09:30-12:00；下午 13:30-17:00
24 小時傳真專線：02-25001990；25001991
劃撥帳號：19863813；戶名：書虫股份有限公司
讀者服務信箱：service@readingclub.com.tw
城邦讀書花園：www.cite.com.tw
香港發行所／城邦（香港）出版集團
香港灣仔駱克道 193 號東超商業中心 1F　E-mail : hkcite@biznetvigator.com
電話：(852) 25086231　傳真：(852) 25789337
馬新發行所／城邦（馬新）出版集團【Cite (M) Sdn Bhd】
41, Jalan Radin Anum, Bandar Baru Sri Petaling,
57000 Kuala Lumpur, Malaysia.
Tel: (603) 90578822　Fax:(603) 90576622　E-mail:cite@cite.com.my

封面設計／斐類設計工作室
排　　版／洪菁穗
印　　刷／中原造像股份有限公司

■2019 年 11 月 7 日 初版一刷
定價 380 元

Printed in Taiwan

城邦讀書花園
www.cite.com.tw

ISBN 978-986-477-745-7